TRAITÉ
DU
GOUVERNEMENT
CIVIL.

AVIS DES ÉDITEURS.

LA nouvelle Édition des OEuvres de LOCKE est desiré depuis long-tems ; il n'en existe aucune uniforme, belle et complète de toutes ses OEuvres ; le Gouvernement despotique avoit empêché qu'on ne connût beaucoup son TRAITÉ DU GOUVERNEMENT CIVIL, et on ne peut choisir un moment plus favorable pour en publier une Édition correcte et plus belle que toutes celles qui ont paru, que celui où l'on sent en France la nécessité urgente d'un bon Gouvernement : Nous publierons à *la suite*, *format* in-8°., L'ENTENDEMENT HUMAIN, L'ÉDUCATION DES ENFANS et les OEUVRES PHILOSOPHIQUES du même Auteur, qui sont à peine connus en français.

On peut s'inscrire chez les Libraires désignés, parce qu'on n'en tire qu'un nombre d'Exemplaires borné, à cause de la cherté du papier.

Les mêmes Libraires ont également sous presse la même Édition format *in*-12, même papier et même caractère que le *format* in-8°.

TRAITÉ

DU

GOUVERNEMENT

CIVIL,

PAR M. LOCKE,

TRADUIT DE L'ANGLAIS,

*Édition revue et corrigée exactement,
sur la dernière de Londres.*

A PARIS,

Chez CALIXTE VOLLAND, Libraire, quai des Augustins, N°. 25.

AN XI. = 1802.

AVERTISSEMENT.

IL n'y a guère de questions, qui aient été agitées avec plus de chaleur, que celles qui regardent les fondemens de la société civile, et les loix par lesquelles elle se conserve. Ceux qui ont écrit dans des États purement monarchiques, où le Souverain souhaitoit que ces sujets fussent persuadés qu'il étoit maître absolu de leurs vies et de leurs biens, ont entrepris de prouver, avec beaucoup de passion, ce que le Prince vouloit que l'on crût. Les Souverains, selon eux, tirent de Dieu immédiatement leur autorité, et ce n'est que lui seul qui ait droit de leur demander raison de leur conduite,

de sorte que quelques excès qu'ils pussent commettre, quand ils vivroient
plus en bêtes qu'en hommes, il faudroit que leurs sujets les souffrissent
patiemment, si après de très-humbles
remontrances, les Souverains refusoient
de reconnoître les loix de la nature.
Quand plusieurs millions d'ames con-
sentiroient unanimement à condamner
la tyrannie d'un Prince qui ne seroit
soutenue que de quelques flatteurs, il
faudroit que *des millions* de familles
ouvrissent leurs maisons à ses satellites,
lorsqu'il trouveroit à propos d'enlever
leurs femmes et leurs enfans pour en
abuser; et répandissent à ses pieds les
fruits de leur industrie, sans en réser-
ver rien pour elles, s'il vouloit qu'elles
lui livrassent tout leur bien. Si un
Prince se mettoit en tête, qu'il n'y a

que lui, et quelque peu de personnes avec lui, qui entendissent la véritable manière de servir Dieu, et qu'il voulût envoyer des soldats chez ceux qui ne seroient pas dans ses sentimens, pour les maltraiter, jusqu'à ce qu'ils feignissent d'en être, il faudroit bien se garder de faire la moindre résistance à ces bourreaux. Tout un royaume se devroit entièrement livrer à la fureur de quelques scélérats, quoi qu'ils pussent faire, parce qu'ils seroient munis de l'autorité royale. Que si des sujets opposoient la violence à ces inhumanités, en quelque cas que ce fût, et parloient de réprimer ou de chasser un Tyran, non-seulement ils seroient dignes de souffrir toutes les horreurs, que la guerre la plus cruelle entraîne après soi, à l'égard de ceux qui sont vaincus; mais encore le Juge de tous les hommes, dont ces Tyrans sont l'image la plus sacrée, les condamneroient, à cause de cela, aux flammes éternelles. Les peuples, de leur côté, n'ont aucun droit, que le Prince ne puisse violer impunément, de quelque manière qu'il le veuille faire; parce que Dieu les a, pour ainsi dire, livrés à lui, pieds et poings liés. Le Prince seul est une personne sacrée, à laquelle on ne peut jamais toucher, sans s'attirer l'indignation du Ciel et de la terre; de sorte que se défaire du Tyran le plus dangereux, est un crime infiniment plus grand, que les actions les plus détestables qu'il puisse commettre : et un inconvénient infiniment plus terrible, que de voir de vastes royaumes rougis du sang de leurs habitans, et un nombre infini de personnes innocentes réduites aux extrémités les plus étranges.

Voilà quels sont les sentimens de ceux qui ont écrit dans des lieux, où les puissances souhaitoient que le peuple se crût entièrement esclave. D'un autre côté, lorsque les peuples ont fait voir que ce nouvel Évangile n'avoit fait aucune impression sur eux, et ont secoué un joug qui leur devenoit insupportable, on s'est mis à soutenir, dans les lieux où cela est arrivé, *que l'on peut déposer les Souverains*, pour des raisons assez légères, et l'on a parlé contre la monarchie, comme contre une forme de gouvernement tout-à-fait insupportable. On a établi des principes propres à entretenir des séditions éternelles, en voulant prévenir la tyrannie : comme de l'autre, on a

AVERTISSEMENT.

consacré la plus affreuse tyrannie, pour étouffer pour jamais les soulèvemens populaires. La passion a empêché une infinité d'Écrivains de trouver un milieu entre ces extrémités; lequel il n'étoit pas néanmoins difficile de trouver, si l'on eût envisagé les choses de sang-froid.

C'est ce que l'on pourra reconnoître par cet Ouvrage, où l'Auteur a découvert, avec beaucoup de pénétration, les premiers fondemens de la société civile, avant que d'en tirer les conséquences, qui peuvent décider les controverses que l'on a sur ces matières. On peut dire que le public n'a pas encore vu d'Ouvrage, où l'on ait proposé ce qu'il y a de plus délié sur ce sujet, avec plus d'ordre, de netteté et de briéveté que dans celui-ici. On y verra

AVERTISSEMENT.

même quelques sentimens assez nouveaux pour beaucoup de gens, mais appuyés sur des preuves si fortes, que leur nouveauté ne les peut rendre suspects qu'à ceux qui préfère la prévention à la raison.

SUPPLÉMENT

A l'Avertissement précédent.

M. LOCKE, qui ne mit point son nom à la tête de ce Livre, le publia en Anglais en 1690, à la suite d'un autre sur la même matière. En voici le Titre original: *Two Treatises of Governement, in the former the false Principles, and Fondation of* Sr. Robert FILMER *and his Followers are detected and overthrown : The later is an Essay concerning the true Origine, Extent and End of Civil Governement* : Vol. *in*-8°. pp. 213.

L'AUTEUR de ces deux Traités, dit M. *Le Clerc* dans l'Extrait qu'il en donna (1), a entrepris de réfuter le Chevalier *Filmer* (2) qui a fait quelques Ouvrages en Anglais, où il a prétendu montrer que les Sujets naissent esclaves de leur Prince. Il fait voir la fausseté de ses raisonnemens, que l'on trouve dans deux livres Anglais, dont l'un est intitulé *Patriarcha*, et l'autre contient des *remarques* sur *Hobbes*, *Milton*, etc. Mais comme

---

(1) *Biblioth. Univers.* Tom XIX.

(2) C'EST celui que M. *Locke* désigne dans plusieurs endroits par les lettres initiales *le Ch.... F.*

(suivant la remarque de M. *Le Clerc* à la fin de l'extrait du premier traité de M. LOCKE,) dans les matières d'importance, ce n'est pas assez de faire voir qu'un autre se trompe, parce que les lecteurs veulent, après cela, qu'on fasse mieux, et que l'on donne des Principes meilleurs, que ceux que l'on reprend; c'est ce qui a obligé l'Auteur de composer un second livre, qu'il intitule *An Essay*, etc. Vol. *in*-8°. pp. 254. C'est donc ce dernier qui parut peu de tems après en Français à *Amsterdam*, et qui fut réimprimé en Anglais en 1694 et en 1698. M. *Le Clerc*, qui nous apprend cela dans l'Éloge Historique de notre Auteur, publié en 1705, (1) ajoute ce qui

---

(1) *Bilioth. choisie*, Tom. VI. Cet éloge

suit : « Nous en aurons bientôt une
» édition Anglaise beaucoup plus cor-
» recte que les précédentes, aussi bien
» qu'une meilleure version française.
» M. LOCKE n'y avoit pas mis son
» nom, parce que les principes qu'il
» y établit, sont contraires à ceux que
» l'on soutenoit communément en *An-*
» *gleterre* avant la révolution, et qui
» tendoient à établir le pouvoir arbi-
» traire, sans avoir égard à aucunes
» loix. Il renverse entièrement cette po-
» litique Turque, que *bien des gens*
» soutenoient sous des prétextes de
» religion, pour flatter ceux qui as-
» piroient à un pouvoir qui est au-
» dessus de la nature humaine ».

---

se trouve aussi à la tête des *OEuvres diverses* de M. Locke, imprimés à *Amsterdam* en 1732. *in*-12. 2 vol.

VIE DE JOHN LOCKE.

Depuis l'année 1632, jusqu'à l'année 1704.

Traduit du Plutarque Anglais.

Jamais il ne fut peut-être un esprit plus sage, plus méthodique, un Logicien plus exact que John Locke. Ce célèbre Philosophe, fils d'un Avocat, naquit en 1632, dans une ville de la Province de *Sommerset*.

Destiné, par son père, à l'état de Médecin, il l'exerçoit déjà avec succès, lorsque la philosophie de Descartes lui inspira le desir d'embrasser la même carrière. Cependant, Locke n'étoit pas grand Mathématicien; il n'avoit jamais pu se soumettre à la fatigue des calculs, ni à la sécheresse des vérités mathématiques sur lesquelles

Descartes fondoit ses raisonnemens sur *l'ame*. LOCKE pensoit très-judicieusement que toute vérité appuyée sur des calculs, ne présente d'abord rien de sensible à l'esprit ; et personne n'a mieux éprouvé que lui qu'on pouvoit avoir l'esprit *géomètre* sans le secours de la Géométrie.

Dans les Universités de Cambridge et d'Oxford, dans celles de Paris, de Padoue, de Leyden, et par-tout où des Régens instruisoient la jeunesse, on enseignoit machinalement la théorie de l'*ame*, d'après les préceptes d'*Anaxagore*, de *Diogène* (non pas le *cynique*), d'*Epicure*, de *Platon*, de *Socrate*, d'*Aristote*, et de quelques autres Philosophes, qui tous avoient décidé positivement ce que c'est que l'ame de l'homme; mais puisqu'ils

n'en

n'en savoient rien, il n'est point surprenant qu'ils aient tous été d'avis différens. Le divin Anaxagore, à qui on dressa un autel, pour avoir appris aux hommes que le Soleil étoit plus grand que le Péloponèse, que la neige étoit noire, et que les cieux étoient de pierre, affirma que l'ame est un esprit aërien, mais cependant immortel. Épicure la composoit de parties comme le corps; Diogène assuroit que l'ame étoit une portion de la substance de Dieu même, et cette idée au moins étoit brillante. Aristote croyoit, si l'on s'en rapporte à quelques-uns de ses disciples, que l'entendement de tous les hommes étoit une seule et même substance. Le divin Platon, maître d'Aristote, et le sage Socrate, maître de Platon, disoient l'ame corporelle et éternelle.

Ces différentes opinions suscitoient des disputes, embarrassoient la mémoire, nourrissoient les erreurs et entretenoient l'ignorance, au moment même où l'on cherchoit à enseigner la vérité. Descartes en sentit l'importance; *la nature avoit accordé, à Descartes, un génie supérieur*; il l'employa pour découvrir les erreurs de l'antiquité; mais il y substitua les siennes. Entraîné par cet esprit *systématique qui aveugle les plus grands hommes*, il s'imagina avoir démontré que l'ame étoit la même chose que la pensée, comme la matière, selon lui, est la même chose que *l'étendue*. Il assura que l'on pense toujours, et que l'ame arrive dans le corps, douée, pourvue de toutes les notions métaphysiques, connoissant Dieu, l'espace, l'infini, ayant toutes les idées abstraites, remplie enfin de belles connoissances qu'elle oublie malheureusement en venant au monde.

Tant de raisonnemens ayant fait le Roman de l'ame, il étoit réservé à l'illustre LOCKE d'en faire l'Histoire. Il a modestement développé à l'homme les secrets de la raison humaine, comme un excellent Anatomiste explique les ressorts du corps humain. Crainte de s'égarer dans ce vaste labyrinte, il le parcourut à l'aide du flambeau de la physique, et s'il se hasarda de parler quelquefois affirmativement, il osa aussi douter. Au lieu de définir tout d'un coup ce que nous ne connoissons pas, il examina par degrés ce qu'on a cherché depuis si long-tems à pénétrer. Tous ses raisonnemens sont fondés sur

la nature. Pour combattre le systême de Descartes sur les *idées innées*, il prend un enfant au moment de sa naissance, suit pas à pas les progrès de son entendement, voit ce qu'il a de commun avec l'instinct des animaux, et ce qui l'élève au-dessus de cet instinct. Il consulte sur-tout son propre *témoignage*, qu'il nomme *la conscience de sa pensée*. Après avoir fait cet examen laborieux : « Je laisse,
» dit-il, à discuter à ceux qui en savent
» plus que moi, si notre ame existe
» avant ou après l'organisation de
» notre corps ; mais j'avoue qu'il m'est
» tombé en partage une de ces ames
» grossières qui ne pensent pas tou-
» jours ; et j'ai même le malheur de
» ne pas concevoir qu'il soit plus né-
» cessaire à l'ame de penser toujours,

» qu'au corps d'être toujours en mou-
» vement ».

Locke ayant ainsi démontré l'absurdité des idées innées, ayant bien établi que toutes nos idées nous viennent par les sens, ayant examiné nos idées simples, celles qui sont composées, ayant suivi l'esprit de l'homme dans toutes ses opérations, ayant fait voir combien les langues que les hommes parlent sont imparfaites, et quel abus nous faisons des termes; Locke examina ensuite l'étendue ou, plutôt le néant des connoissances humaines. Cet examen, quoique très-sage et très-circonspect, offensa quelques Théologiens, et alarma les dévots. Ceux-ci l'accusèrent d'impiété, les premiers de penchant au matérialisme ; mais Locke les rassura, en leur prouvant qu'on pouvoit être Philosophe et bon Chrétien.

Quoiqu'il eût évité les effets d'un zèle indiscret, il ne put cependant échapper à la persécution de l'Évêque de Worcester, qui lui imputa à crime sa liaison avec le *Comte* de Shaftesbury, Grand Chancelier de l'Angleterre. LOCKE étoit son *Secrétaire*, et qui plus est, son ami intime. Shaftesbury fut disgracié, et LOCKE fut accusé d'avoir entretenu, avec les ennemis du Duc d'YORCK, une correspondance nuisible aux intérêts de ce Duc. LOCKE pénétra le but de cette accusation, et en éluda les effets, en cherchant un azyle en France. Il fixa, pendant quelque tems, sa demeure à Montpellier, et se proposoit d'aller en Italie, lorsqu'il fut rappelé en Angleterre, par Shaftesbury, dont le crédit avoit prévalu à la Cour.

Ce retour de faveur fut suivi d'une disgrace éclatante. Shaftesbury, accusé du crime de haute trahison, chercha son salut en Hollande, où LOCKE l'accompagna. Le Philosophe s'y livra à l'étude, et tandis qu'il y composoit en paix son fameux Traité sur la Tolérance, on le dénonçoit à la Cour de Londres, comme l'instigateur de toutes les calamités qui désoloient l'Angleterre. *Charles II*, Prince foible, et quelquefois trop crédule, prêta l'oreille à ces calomnies; il ordonna qu'on dépouillât LOCKE des grades honorifiques que lui avoient accordé l'Université d'Oxford; mais il ne put lui enlever la gloire que lui avoit mérité son Traité sur l'*Entendement Humain.*

Toutes les faveurs du Monarque ne pouvoient rien ajouter à la réputation qu'il avoit acquise par ce sublime ouvrage, et ce fut cet effort de génie, qui néanmoins lui suscita les ennemis dont il éprouvoit encore les persécutions.

Quand ses ennemis eurent perdu l'espoir de l'accabler par leurs calomnies, ils l'accusèrent d'avoir engagé le Duc de Montmouth à faire un invasion en Angleterre. Jacques, sur la simple dénonciation d'un crime imaginaire, donna ordre à son Ministre, à la Haye, de demander aux États-Généraux qu'on lui livrât le coupable. Ces sages Républicains, au lieu de consentir à la prétention indiscrète de Jacques, avertirent le Philosophe du danger qu'il couroit, s'il quittoit la

Hollande. Locke se retira à la campagne, chez un de ces amis, où il resta caché une année entière, sans que les Émissaires de Jacques pussent découvrir sa retraite. Son innocence ayant été suffisamment prouvée, il retourna à Amsterdam, et ne revint en Angleterre qu'après que le Prince d'Orange en eût usurpé le Trône.

Le sort de Locke changea à cette grande révolution. Le Roi Guillaume lui offrit de l'emploi, *et lui laissa même le choix de la* Cour de Vienne, ou de celle de l'Électeur de Brandebourg, pour *y* aller en qualité de Ministre plénipotentiaire. La santé du Philosophe ne lui permit pas d'accepter la proposition du Roi. Locke préféra la vie tranquille à l'avantage attaché à cette dignité, et accepta la charge de Subdélégué du Conseil de Commerce pour les Colonies. Dès-lors il partageoit son tems, entre les affaires du Gouvernement, l'étude de la Philosophie, et la société de Mylady et du Chevalier Masham, son mari. Ce fut à leur Terre, dans la Province d'Essex, qu'il passa les dernières années de sa vie. L'asthme dont il souffroit depuis long-tems, ayant augmenté avec le printems, saison qui lui avoit toujours été favorable, il en augura sa fin prochaine. Lady Masham, étant un matin dans son appartement, il la pria d'avertir le Curé de venir lui administrer le Sacrement. Étonnée d'une précaution qu'elle ne croyoit pas encore nécessaire, elle lui en témoigna sa surprise : Locké lui répliqua froidement : « Ne » vous fiez pas, Madame, à l'éclat

» d'une lampe qui s'éteint, je sens
» que je n'ai pas de tems à perdre ».
En effet, il mourut peu de jours après,
en remerciant Dieu de lui avoir fait
connoître le néant des grandeurs humaines.

La veille de son décès, il demanda
à être conduit dans son cabinet, pour
y mettre ses papiers en ordre. Il y
passa quelques heures assez tranquillement, et s'étant trouvé beaucoup
mieux que le jour précédent, *il s'habilla et reçut des visites*; mais le
lendemain 28 octobre 1704, il expira
au moment où Lady Masham lui demandoit à voir un manuscrit qu'elle
se proposoit de lui lire pour le distraire.
C'est ainsi qu'il acheva une carrière
de soixante-douze années. Si l'on peut
compter ces années par l'usage qu'*il*

en a fait, LOCKE a fourni une des plus longues et des plus glorieuses carrières. On l'inhuma dans l'Église Seigneuriale de la terre d'Oates où il étoit mort, et on y éleva un monument, sur lequel on grava l'épitaphe qu'il avoit lui-même composée. Il n'eut pas besoin de cette précaution, ses écrits, mieux que le marbre, ont transmis son nom à la postérité.

L'Auteur de l'*Essai sur l'Entendement Humain*, du *Traité sur le Gouvernement Civil*, du *Plan raisonné sur l'Éducation*, et de plusieurs autres Ouvrages également sublimes, tiroit quelquefois ses lumières en raisonnant avec des Artisans sur les Arts mécaniques. Il découvroit, dans leurs réponses à ses questions, plusieurs secrets utiles à la Philosophie, et par les observations qu'il faisoit sur la manière dont ils exerçoient leurs talens, il les aidoit à les perfectionner, et à en abréger les travaux. L'innocent babil d'un enfant fixoit autant son attention que le discours étudié du plus savant orateur. Méthodique en toutes choses, raisonnable jusques dans ses moindres actions, il n'étoit cependant ni grave ni pédant. Sa conversation étoit animée, ses saillies étoient brillantes. Quoiqu'il eût l'esprit orné des plus belles connoissances, il n'en fit jamais usage qu'avec ceux qui pouvoient l'apprécier. Simple dans ses manières, il plaisoit à ses égaux, et obtenoit l'estime de ses supérieurs. Affable avec ses inférieurs, il leur inspiroit la confiance et le respect. Il étoit charitable, indulgent, réservé, circonspect et discret, et possédoit, en un mot, les rares qualités d'un Philosophe, et toutes les vertus d'un chrétien.

On a publié d'abord les Ouvrages de LOCKE par cahiers, jusqu'à ce qu'enfin on en a fait une collection complète en trois volumes in-*folio*.

Autorités historiques. Bibliothèque choisie, par le Clerc. Dictionnaire général de Biographie. Mélanges de Philosophie, par M. de Voltaire. Biographie Britannique.

DU GOUVERNEMENT CIVIL,

De sa véritable origine, de son étendue et de sa fin.

CHAPITRE PREMIER.

De l'État de Nature.

1er. Pour bien entendre en quoi consiste le *pouvoir politique*, et connoître sa véritable origine, il faut considérer dans quel état tous les hommes sont *naturellement*. C'est un état de parfaite *liberté*, un état dans lequel, sans demander de permission à personne, et sans dépendre de la volonté d'aucun autre homme, ils peuvent faire ce qu'il leur plaît, et disposer de ce qu'ils possèdent et de leurs personnes, comme ils jugent à propos, *pourvu qu'ils se tiennent dans les bornes de la loi de la* NATURE (1).

Cet état est aussi un état d'égalité; ensorte que tout pouvoir et toute juridiction est réciproque, un homme n'en ayant pas plus qu'un autre. Car il est très-évident que des créatures d'une même espèce et d'un même ordre, qui sont nées sans distinction, qui ont part aux mêmes avantages de la *nature*, qui ont les mêmes facultés, doivent pareillement être égales entre elle, sans nulle subordination ou sujétion, à moins que le seigneur et le maître des créatures n'ait établi, par quelque manifeste *déclaration* de sa volonté, quelques-unes sur les autres, et leur ait conféré, *par une évidente et claire ordonnance*, un droit irréfragable à la domination et à la souveraineté.

II. C'EST cette *égalité*, où sont les hommes *naturellement*, que le judicieux *Hooker* (2)

―――――――――

(1) Restriction nécessaire, à laquelle il faut bien faire attention.

(2) *Rich. Hooker* a été un des plus savans Théo-
regarde

regarde comme si évidente en elle-même et si hors de contestation, qu'il en fait le fondement de l'obligation où sont les hommes de s'aimer mutuellement : il fonde sur ce principe d'égalité tous les devoirs de charité et de justice auxquels les hommes sont obligés les uns envers les autres. Voici ses paroles :

« (*) Le même instinct a porté les hommes
» à reconnoître qu'ils ne sont pas moins
» tenus d'aimer les autres, qu'ils sont tenus
» de s'aimer eux-mêmes. Car voyant toutes
» choses égales entre eux, *ils ne peuvent
» que comprendre qu'il doit y avoir aussi
» entre eux tous une même mesure. Si je
» ne puis que desirer de recevoir du bien,
» même par les mains de chaque personne,
» autant qu'aucun autre homme en peut
» desirer pour soi, comment puis-je pré-
» tendre de voir, en aucune sorte, mon desir
» satisfait, si je n'ai soin de satisfaire le
» même desir, qui est infailliblement dans

---

logiens d'*Angleterre*, dans le XVI siècle : son *Traité des Loix de la Politique Ecclésiastique* donne une grande idée de sa vaste érudition, et lui a mérité des éloges de la part des plus grands hommes.

(*) Eccl. Pol. lib. 1.

C

» le cœur d'un autre homme, qui est d'une
» seule et même *nature* avec moi ? S'il se
» fait quelque chose qui soit contraire à ce
» desir, que chacun a, il faut nécessaire-
» ment qu'un autre en soit aussi choqué,
» que je puis l'être. Tellement, que si je
» nuis et cause du préjudice, je dois me
» disposer à souffrir le même mal ; n'y
» ayant nulle raison qui oblige les autres
» à avoir pour moi une plus grande mesure
» de charité que j'en ai pour eux. C'est
» pourquoi le desir que j'ai d'être aimé,
» autant qu'il est possible, de ceux qui me
» sont égaux dans l'état de *nature*, m'im-
» pose une obligation naturelle de leur
» porter et témoigner une semblable affec-
» tion. Car, enfin, il n'y a personne qui
» puisse ignorer la relation d'égalité entre
» nous-mêmes et les autres hommes, qui
» sont d'autres *nous-mêmes*, ni les règles
» et les loix que la *raison naturelle* a pres-
» crites pour la conduite de la vie ».

III. CEPENDANT, quoique l'état de *nature* soit un état de *liberté*, ce n'est nullement un état de *licence*. Certainement, un homme, en cet état, a une *liberté* incontestable, par laquelle il peut disposer comme il veut, de sa personne ou de ce qu'il possède :

mais il n'a pas la liberté et le droit de se détruire lui-même (1), non plus que de faire tort à aucune autre personne, ou de la troubler dans ce dont elle jouit, *il doit faire de sa liberté le meilleur et le plus noble usage, que sa propre conservation demande de lui.* L'état de *nature* a la loi de la *nature*, qui doit le régler, et à laquelle chacun est obligé de se soumettre et d'obéir : la raison, qui est cette loi, enseigne à tous les hommes, s'ils veulent bien la consulter, qu'étant tous égaux et indépendans, nul ne doit nuire à un autre, par rapport à sa vie, à sa santé, à sa liberté, à son bien : car, les hommes étant tous l'ouvrage d'un ouvrier tout-puissant et infiniment sage, les serviteurs d'un souverain maître, placés dans le monde par lui

---

(1) C'est ce que lui défendent les bornes de la *loi de la nature* dans lesquelles il doit se tenir par la raison qui suit, *qu'il doit faire de sa liberté le meilleur et le plus noble usage que sa propre conservation exige de lui*; parce qu'il est l'ouvrage du Tout-Puissant qui doit durer autant qu'il lui plaît, et non autant qu'il plaît à l'ouvrage. Ce sentiment est si général dans les hommes, que les loix civiles, qui ont succédé à celles de la *nature*, sur lesquelles elles sont fondées, défendoient chez les *Hébreux*, d'accorder les honneurs de la sépulture à ceux qui se tuoient eux-mêmes,

et pour ses intérêts, ils lui appartiennent en propre, et son ouvrage doit durer autant qu'il lui plaît, non autant qu'il plaît à un autre. Et étant doués des mêmes facultés dans la communauté de *nature*, on ne peut supposer aucune subordination entre nous, qui puisse nous autoriser à nous détruire les uns les autres, comme si nous étions fait pour les usages les uns des autres, de la même manière que les créatures, d'un rang inférieur au nôtre, sont faites pour notre usage. Chacun donc est obligé de se conserver lui-même, et *de ne quitter point volontairement son poste* (1)

---

(1) Sentiment et pensée des *Pytagoriciens*, rapportée par PLATON *in apol. Socr.*, par CICÉRON, *De senect.* Cap. XX. et par LACTANCE *inst. div.* l. III, c. 18. L'aimable, le spirituel MONTAIGNE est charmant sur cet article. « *Plusieurs tiennent que nous ne devons abandonner cette garnison du monde, sans le commandement expresse de celui qui nous y a mis, et que c'est à Dieu qui nous a ici envoyés, non pour nous seulement, oui bien pour la gloire et service d'autrui, de nous donner congé quand il lui plaira, non à nous de le prendre. Que nous ne sommes pas nés pour nous, ains aussi pour notre pays : par quoi les loix nous redemandent compte de nous pour leur intérêt, et ont action d'homicide contre nous. Autrement comme déserteurs de notre charge, nous sommes punis*

pour parler ainsi. Et lorsque sa propre conservation n'est point en danger, il doit, selon ses forces, conserver le reste des hommes; et à moins que ce ne soit pour faire justice de quelque coupable (1), il ne doit jamais ôter la vie à un autre, ou préjudicier à ce qui tend à la conservation de sa vie, par exemple, à sa liberté, à sa santé, à ses membres, à ses biens.

IV. Mais, afin que personne n'entreprenne d'envahir les droits d'autrui, et de

---

en l'autre monde ». C'étoit le sentiment de *Virgile*, et, par conséquent, de tous les Romains de son tems, quand il dit :

Proxima tenent mæsti loca qui sibi Lethum
Insontes peperêre manu, lucemque perosi
Projicêre animas.
        AEn. Lib. 6, v. 434.

Il y a bien plus de constance à user la chaîne qui nous tient, qu'à la rompre, et plus d'épreuve de fermeté en Regulus *qu'en* Caton. Ce que je finirai par ce beau vers de Martial, qui nomme cette action une rage, une fureur.

Hic rogo, non furor est, ne moriare, mori?

(1) Ceci doit s'entendre de l'*état de nature* seulement, comme l'explique l'Auteur dans le § suivant.

faire tort à son prochain; et que les loix de la *nature*, qui a pour but la tranquillité et *la conservation du genre-humain*, soient observées, la *nature* a mis chacun en droit dans cet état, de punir la violation de ses loix, mais dans un degré qui puisse empêcher qu'on ne les viole plus. Les loix de la *nature*, aussi bien que toutes les autres loix, qui regardent les hommes en ce monde, seroient entièrement inutiles, si personne, dans l'état de *nature*, n'avoit le pouvoir de les faire exécuter, de protéger et conserver l'innocent, et de réprimer ceux qui lui font tort. Que si dans cet état, un homme en peut punir un autre à cause de quelque mal qu'il aura fait; chacun peut pratiquer la même chose. Car en cet état de parfaite égalité, dans lequel naturellement nul n'a de supériorité, ni de juridiction sur un autre, ce qu'un peut faire, en vertu des loix de la *nature*, tout autre doit avoir nécessairement le droit de le pratiquer.

V. Ainsi, dans l'état de *nature* chacun a, à cet égard, un pouvoir incontestable sur un autre. Ce pouvoir néanmoins n'est pas absolu et arbitraire, ensorte que lorsqu'on a entre ses mains un coupable, l'on ait droit de le punir par passion et de s'abandonner à tous les mouvemens, à toutes les fureurs d'un cœur irrité et vindicatif. Tout ce qu'il est permis de faire en cette rencontre, c'est de lui infliger les peines que la raison tranquille et la pure conscience dictent et ordonnent naturellement, peines proportionnées à sa faute, et qui ne tendent qu'à réparer le dommage qui a été causé, et qu'à empêcher qu'il n'en arrive un semblable à l'avenir. En effet, ce sont les deux seules raisons qui peuvent rendre légitime le mal qu'on fait à un autre, et que nous appelons *punition*. Quand quelqu'un viole les loix de la *nature*, il déclare, par cela même, qu'il se conduit par d'autres règles que celles de la raison et de la commune équité, qui est la mesure que Dieu a établie pour les actions des hommes, afin de procurer leur mutuelle sûreté, et dès-lors il devient dangereux au genre-humain ; puisque le lien formé des mains du Tout-Puissant pour empêcher que personne ne reçoive de dommage, et qu'on n'use envers autrui d'aucune violence, est rompu et foulé aux pieds par un tel homme. De sorte que sa conduite offensant toute la *nature* humaine, et étant contraire à cette tranquillité et à cette sûreté à laquelle il a été pourvu par les loix de la *nature*, chacun, par le droit qu'il a de conserver le genre-humain, peut réprimer, ou, s'il est nécessaire, détruire ce qui lui est nuisible: en un mot, chacun peut infliger à une personne qui a enfreint ces loix, des peines qui soient capables de produire en lui du repentir et lui inspirer une crainte, qui l'empêchent d'agir une autre fois de la même manière, et qui même fassent voir aux autres un exemple qui les détourne d'une conduite pareille à celle qui les lui a attirées. En cette occasion donc, et sur *ce fondement* (1), *chacun a droit de punir les coupables, et d'exécuter les loix de la nature*.

VI. JE ne doute point que cette doctrine ne paroisse à quelques-uns fort étrange: mais avant que de la condamner, je souhaite qu'on me dise par quel droit un Prince ou un état peut faire mourir ou *punir un étranger*, qui aura commis quelque crime dans les terres de sa domination. Il est certain que les loix de ce Prince ou de cet

---

(1) Cette restriction est encore nécessaire : et on doit y faire bien attention, en se souvenant que c'est ce que dictent les loix de la nature, *dans l'état de nature.*

état, par la vertu et la force qu'elles reçoivent de leur publication et de l'autorité législative, ne regardent point cet étranger. Ce n'est point à lui que ce souverain parle; ou s'il le faisoit, l'étranger ne seroit point obligé de l'écouter et de se soumettre à ses ordonnances. L'autorité législative, par laquelle des loix ont force de loix par rapport aux sujets d'une certaine république et d'un certain état, n'a assurément nul pouvoir et nul droit à l'égard d'un étranger. Ceux qui ont le pouvoir souverain de faire des loix en *Angleterre*, en *France*, en *Hollande*, sont à l'égard d'un *Indien*, aussi bien qu'à l'égard de tout le reste du monde, des gens sans autorité. Tellement que si en vertu des loix de la *nature* chacun n'a pas le pouvoir de punir, par un jugement modéré, et conformément au cas qui se présente, ceux qui les enfreignent, je ne vois point comment les magistrats d'une société et d'un état peuvent *punir un étranger;* si ce n'est parce qu'à l'égard d'un tel homme ils peuvent avoir le même droit et la même juridiction, que chaque personne peut avoir naturellement à l'égard d'un autre.

VII. Lorsque quelqu'un viole la loi de la *nature*, qu'il s'éloigne des droites règles de la *raison*, et fait voir qu'il renonce aux principes de la *nature* humaine, et qu'il est une créature nuisible et dangereuse ; chacun est en droit de le punir : mais celui qui en reçoit immédiatement et particulièrement quelque dommage ou préjudice, outre le droit de punition qui lui est commun avec tous les autres hommes, a un droit particulier en cette rencontre, en vertu duquel il peut demander que le dommage qui lui a été fait, soit réparé. Et si quelque autre personne croit cette demande *juste*, elle peut se joindre à celui qui a été offensé personnellement, et l'assister dans le dessein qu'il a de tirer satisfaction du coupable, ensorteque le mal qu'il a souffert, puisse être réparé.

VIII. DE ces *deux sortes de droits*, dont l'un est de *punir* le crime pour le *réprimer* et pour empêcher qu'on ne continue à le commettre, ce qui est le droit de chaque personne ; l'autre, d'exiger la réparation du mal souffert : le premier a passé et a été conféré au magistrat, qui, en qualité de magistrat, a entre les mains le droit commun de punir ; et toutes les fois que le bien public ne demande pas absolument qu'il punisse et châtie la violation des loix ; il peut, de sa propre autorité, pardonner les offenses et les crimes : mais il ne peut point disposer de même de la satisfaction due à une personne privée, à cause du dommage qu'elle a reçu. La personne qui a souffert en cette rencontre, a droit de demander la satisfaction ou de la remettre ; celui qui a été endommagé, a le pouvoir de s'approprier les biens ou le service de celui qui lui a fait tort : il a ce pouvoir par le droit qu'il a de *pourvoir à sa propre conservation ;* tout de même que chacun, *par le droit qu'il a de conserver le genre-humain*, et de faire raisonnablement tout ce qui lui est possible sur ce sujet, a le pouvoir de punir le crime, pour empêcher qu'on ne le commette encore. Et c'est pour cela que chacun, *dans l'état de nature*, est en droit de tuer un meurtrier, afin de détourner les autres de faire une semblable offense, que rien ne peut réparer, ni compenser, en les épouvantant par l'exemple d'une punition à laquelle sont sujets tous ceux qui commettent le même crime ; et ainsi mettre les hommes à l'abri des attentats d'un criminel, qui ayant renoncé à la raison, à la règle, à la mesure commune que Dieu a donnée au genre-humain, a, par une injuste violence, et par un esprit de carnage, dont il a usé envers une personne, déclaré la guerre à tous les hommes, et par conséquent doit être détruit *comme un lion, comme un tigre, comme une de ces bêtes féroces* avec lesquelles il ne peut y avoir de société ni de sûreté. Aussi est-ce sur cela qu'est fondée cette grande loi de la nature : *Si quelqu'un répand le sang d'un homme, son sang sera aussi répandu par un homme* (1). Et Caïn étoit si pleinement convaincu, que chacun est en droit de détruire et d'exterminer un coupable de cette nature ; qu'après avoir tué son frère, il crioit : *Quiconque me trouvera, me tuera.* Tant il est vrai que ce droit est écrit dans le cœur de tous les hommes.

IX. PAR la même raison, un homme NB. dans *l'état de nature*, peut *punir la moindre infraction* des loix de la *nature* (2).

───────────────

(1) Ce sont les propres termes des ordres que Dieu donne à *Noé* et à sa famille, en sortant de l'Arche : ainsi c'est l'ordre du Maître de la nature. *Emmam* TREMELLIUS trouve, dans cet ordre de Dieu, l'établissement de *la Loi du Talion*, *atque hæc νομοφυλακων institutio.* Gen. Cap. IX, v. 6.

(2) Puisque chaque particulier, *dans l'état de nature*, doit veiller à la conservation mutuelle et générale de tous les hommes. Voici comme CUMBERLAND

Mais peut-il punir de mort une semblable infraction? demandera quelqu'un. Je réponds, que chaque faute peut être punie dans un degré, et avec une sévérité qui soit capable de causer du repentir au coupable, et d'épouvanter si bien les autres, qu'ils n'aient pas envie de tomber dans la même faute. Chaque offense commise *dans l'état de nature*, peut pareillement, *dans l'état de nature*, être punie autant, s'il est possible, qu'elle peut être punie dans un état et dans une république. Il n'est pas de mon sujet d'entrer dans le détail pour examiner les degrés de châtiment que les loix de la *nature* prescrivent : je dirai seulement qu'il est très-certain qu'il y a de telles loix, et que ces loix sont aussi intelligibles et

---

soutient l'affirmative. « Il n'y a parmi les hommes, » dit-il, considérés comme hors de tout gouvernement » civil, un juge tout prêt à punir les forfaits, lorsqu'ils » sont une fois découverts; car, comme il est de » l'intérêt de tous, que les crimes soient punis, qui- » conque a en main assez de force, a droit d'exercer » cette punition, autant que le demande le bien public; » n'y ayant alors aucune inégalité entre les hommes. » C'est sur quoi est fondée la pensée de Térence, » *Homo sum, humani nihil à me alienum puto.* » Tr. Phil. des loix natur. Chap. I, §. 26.

aussi claires à une créature raisonnable, et à une personne qui les étudie, que peuvent être les loix positives des sociétés et des états; et même sont-elles, peut-être, plus claires et plus évidentes. Car, enfin, il est plus aisé de comprendre ce que la raison suggère et dicte, que les fantaisies et les inventions embarrassées des hommes, lesquels suivent souvent d'autres règles que celles de la raison, et qui, dans les termes, dont ils se servent dans leurs ordonnances, peuvent avoir dessein de cacher et d'envelopper leurs vues et leurs intérêts. C'est le véritable caractère de la plupart des loix municipales des pays ; qui, après tout, ne sont justes, qu'autant qu'elles sont fondées sur la loi de la *nature*, selon lesquelles elles doivent être réglées et interprêtées.

X. Je ne doute point qu'on n'objecte à cette opinion, qui pose que dans l'*état de nature*, chaque homme a le pouvoir de *faire exécuter les loix de la nature*, et d'en *punir les infractions* ; je ne doute point, dis je, qu'on n'objecte que c'est une chose fort déraisonnable, que les hommes soient juges dans leurs propres causes; que l'amour-propre rend les hommes partiaux, et les fait pencher vers leurs intérêts, et vers les intérêts de leurs amis; que d'ailleurs un mauvais naturel, la passion, la vengeance, ne peuvent que les porter au-delà des bornes d'un châtiment équitable; qu'il ne s'ensuiveroit de-là que confusion, que désordre, et que c'est pour cela que Dieu a établi les Puissances souveraines. Je ne fais point de difficulté d'avouer que le Gouvernement civil est le remède propre aux inconvéniens de *l'état de nature*, qui, sans doute, ne peuvent être que grands par-tout où les hommes sont *juges dans leur propre cause* : mais je souhaite que ceux qui font cette objection, se souviennent que *les Monarques absolus sont* hommes, et que si le Gouvernement civil est le remède des maux qui arriveroient nécessairement, si les hommes étoient juges dans leurs propres causes, et si par cette raison, l'*état de nature* doit être abrogé, on pourroit dire la même chose de l'autorité des Puissances souveraines. Car enfin je demande le Gouvernement civil est-il meilleur, à cet égard, que l'*état de nature*? N'est-ce pas un Gouvernement où un seul homme commandant une multitude, est juge dans sa propre cause, et peut faire à tous ces sujets tout ce qu'il lui plaît, sans que personne ait droit de se plaindre de ceux qui exécutent ses volontés, ou de former aucune opposition? Ne faut-il point se soumettre toujours à tout ce que fait et veut un Souverain, soit qu'il agisse par raison, ou par passion, ou par erreur (1)? Or, c'est ce qui ne se rencontre pourtant point, et qu'on n'est point obligé de faire dans *l'état de nature*, l'un à l'égard de l'autre : car, si celui qui juge, juge mal

---

(1) Cette thèse a besoin de quelque modification. Cette *obéissance passive* n'est ni selon les loix *de la nature*, ni reçue dans aucune société, dont le suprême Magistrat ne sera pas le despotique tyran. Notre auteur n'a pas voulu abolir le droit de *résistance*, qu'ont les sujets, qui *se sont réservé certains privilèges dans l'établissement de la souveraineté*; ou qui voient que le suprême Magistrat agit ouvertement contre toutes les fins du gouvernement civil. Cette *résistance* ne suppose point que les sujets soient au-dessus du Magistrat suprême, ni qu'ils aient un droit propre de le punir. Les liens de sujétion sont rompus en ce cas-là, par la faute du souverain, qui agit en ennemi contre ses sujets, et les dégageant ainsi du serment de fidélité, les remet dans l'état de la liberté et de l'égalité naturelles. C'est le sentiment d'une infinité d'auteurs, qui ont mis cette question dans une pleine évidence.

et injustement dans sa propre cause, où dans la cause d'un autre, il en doit répondre, et on peut en appeler au reste des hommes.

XI. On a souvent demandé, comme si on proposoit une puissante objection, en quels lieux, et quand les hommes sont ou ont été dans cet *état de nature* (1)?

---

(1) On pourroit dire que ceux qui font cette question, prennent plaisir à s'aveugler eux-mêmes; puisqu'il ne se peut, étant hommes, qu'ils ne soient persuadés qu'eux-mêmes sont encore dans *cet état de nature*, où les hommes ont été depuis qu'il y en a eu sur la terre, et où ils seront tant qu'il y aura des hommes. J'emprunterai du profond *Puffendorff* l'explication de ma pensée. Il envisage l'état de la nature sous trois faces différentes: « *L'état de la nature, dans le dernier sens, est*, dit-il, *celui où l'on conçoit les hommes en tant qu'ils n'ont ensemble d'autre relation morale, que celle qui est fondée sur cette liaison simple et universelle qui résulte de la ressemblance de leur nature, indépendamment de toute convention et de tout acte humain, qui en ait assujéti quelques-uns à d'autres. Sur ce pied-là, ceux que l'on dit vivre respectivement dans l'état de nature, ce sont ceux qui ne sont ni soumis à l'empire l'un de l'autre, ni dépendant d'un maître commun, et qui n'ont reçu les uns des autres ni bien ni mal*, ainsi *l'état de nature* est opposé, en ce sens,

A quoi il suffira pour le présent de répondre, que les Princes et les Magistrats des gouvernemens indépendans, qui se trouvent dans l'univers, étant dans *l'état de nature*, il est clair que le monde n'a jamais été, ne sera jamais sans un certain nombre d'hommes

---

» à l'*état civil*, (*quoique* ce dernier soit sorti de l'autre sur lequel il est fondé. Ainsi, il faut que *l'état de la nature* ait existé quelque part avant de donner la naissance à l'*état civil*). « Pour se former une idée
» juste de *l'état de nature*, considéré au dernier re-
» gard, il faut le concevoir, ou par *fiction*, ou *tel*
» *qu'il existe véritablement*. Le premier auroit lieu
» si l'on supposoit qu'au commencement du monde
» une multitude d'homme eût paru tout-à-coup sur la
» terre, sans que l'un naquît ou dépendît en au-
» cune manière de l'autre; comme la Fable nous
» représente ceux qui sortirent des dents d'un serpent,
» que *Cadmus* avoit semées... Mais l'état de la nature,
» qui *existe réellement*, a lieu entre ceux qui quoi-
» qu'unis avec quelques autres par une société par-
» ticulière, n'ont rien de commun ensemble que la
» qualité des créatures humaines, et ne se doivent
» rien les uns aux autres, que ce qu'on peut exiger
» précisément en tant qu'homme. C'est ainsi que
» vivoient autrefois respectivement les membres de
» différentes familles séparées et indépendantes, et
» c'est sur ce pied-là que se regardent encore au-
» jourd'hui les sociétés civiles et les particulières qui
» ne sont pas membres d'un même corps politique ».

qui ont été, et qui seront dans l'*état de nature*. Quand je parle des Princes, des Magistrats, et des sociétés indépendantes, je les considère précisément en eux-mêmes, soit qu'ils soient alliés, ou qu'ils ne le soient pas. Car, ce n'est pas toute sorte d'accord, qui met fin à l'*état de nature*; mais seulement celui par lequel on entre volontairement dans une société, et on forme un corps politique. Toute autre sorte d'engagemens et de traités, que les hommes peuvent faire entre eux, les laisse dans l'*état de nature*. Les promesses et les conventions faites; par exemple, pour un troc, entre deux hommes dans l'Isle déserte dont parle *Garcilasso de la Vega*, dans son histoire du *Pérou*; ou entre un *Suisse* et un *Indien*, dans les déserts de l'*Amérique*, sont des liens qu'il n'est pas permis de rompre, et sont des choses qui doivent être ponctuellement exécutées, quoique ces sortes de gens soient, en cette occasion, dans l'*état de nature* par rapport l'un à l'autre. En effet, la sincérité et la fidélité sont des choses que les hommes sont obligés d'observer religieusement, en tant qu'ils sont hommes, non en tant qu'ils sont membres d'une même société.

XII. Quant à ceux qui disent, qu'il n'y a jamais eu aucun homme dans l'*état de nature*; je ne veux leur opposer que l'autorité du judicieux *Hooker*. *Les loix dont nous avons parlé*, dit-il, entendant les loix de la nature (*), *obligent absolument les hommes à les observer, même en tant qu'ils sont hommes, quoi qu'il n'y ait nulle convention et nul accord solemnel passé entre eux pour faire ceci ou cela, ou pour ne le pas faire. Mais parce que nous ne sommes point capables seuls de nous pourvoir des choses que nous desirons naturellement, et qui sont nécessaires à notre vie, laquelle doit être convenable à la dignité de l'homme; c'est pour suppléer à ce qui nous manque, quand nous sommes seuls et solitaires, que nous avons été naturellement portés à rechercher la société et la compagnie les uns des autres, et c'est ce qui a fait que les hommes se sont unis avec les autres, et ont composé, au commencement et d'abord, des sociétés politiques.* J'assure donc encore, que tous les hommes sont naturellement dans cet état, que j'appelle *état de nature*, et qu'ils y

---

(*) Eccl. Pol. Lib. 1, Sect. 10.

demeurent jusqu'à ce que, de leur propre consentement, ils se soient faits membres de quelque société politique : et je ne doute point que dans la suite de ce Traité cela ne paroisse très-évident.

CHAPITRE II.

De l'État de Guerre.

Ier. L'ÉTAT *de guerre*, est un état d'*inimitié* et de *destruction*. Celui qui déclare à un autre, soit par paroles, soit par actions, qu'il en veut à sa vie, doit faire cette déclaration, non avec passion et précipitamment, mais avec un esprit tranquille : et alors cette déclaration met celui qui l'a fait, dans l'*état de guerre* avec celui à qui il l'a faite. En cet état, la vie du premier est exposée, et peut être ravie par le *pouvoir* de l'autre, ou de quiconque voudra se joindre à lui pour le défendre et épouser sa querelle : étant juste et raisonnable que j'aie droit de détruire ce qui me menace de destruction ; car, par *les loix fondamentales de la nature*, l'homme *étant obligé de se conserver lui-même*, autant qu'il est possible ;

lorsque tous ne peuvent pas être conservés, la sûreté de l'innocent doit être préférée, et un homme peut en détruire un autre qui lui fait la guerre, ou qui lui donne à connoître son inimitié et la résolution qu'il a prise de le perdre (1) : tout de même que je

---

(1) Les Jurisconsultes Romains approuvent cette conduite, *Jure hoc evenit*, disent-ils, Digist. Lib. I, T. I de Just. et Jure. Leg. III, *ut quod quisque ob tutellam corporis sui fecerit: jure fecisse existimetur*. Et HÉRODIEN dit expressément : « Il est également
» juste et nécessaire de repousser par la force les
» insultes d'un agresseur plutôt que de les souffrir pa-
» tiemment, puisque autrement avec le malheur d'être
» tué, on a encore la honte de passer pour un homme
» sans cœur ». Liv. IV, c. 10 PUFENDORFF est du même sentiment, dans le *Chap. 5. du Liv. II*, où il traite de la juste défense de soi-même; cependant, il veut que, avant d'en venir à l'extrémité avec un agresseur injuste, on met en œuvre toutes les voies qui peuvent conduire à un accommodement : « Mais, dit-il,
» lorsque ces voies de douceur ne suffisent pas pour
» nous sauver ou pour nous mettre en sûreté, il faut
» en venir aux mains. En ce cas, si l'agresseur continue
» malicieusement à nous insulter sans être touché
» d'aucun repentir de ses mauvais desseins, on peut
» le repousser de toutes ses forces en le tuant même...
» si dans l'*état de nature*, dit-il plus bas, on donnoit
» quelques bornes à cette liberté, c'est alors que la vie
» deviendroit véritablement insociable ». *L. c.*

puis tuer un lion ou un loup, parce qu'ils ne sont pas soumis aux loix de la raison, et n'ont d'autres règles que celles de la force et de la violence. On peut donc traiter comme des bêtes féroces ces gens dangereux, qui ne manqueroient point de nous détruire et de nous perdre, si nous tombions en leur pouvoir.

II. Or, de-là vient que celui qui tâche d'avoir un autre en son pouvoir absolu, *se met par-là dans l'état de guerre* avec lui, lequel ne peut regarder son procédé que comme une déclaration et un dessein formé contre sa vie. Car j'ai sujet de conclure qu'un homme, qui veut me soumettre à son pouvoir, sans mon consentement, *en usera envers moi, si je tombe entre ses mains,* de la manière qu'il lui plaira, et me perdra, sans doute, si la fantaisie lui en vient. En effet, personne ne peut desirer de *m'avoir en son pouvoir absolu*, que dans la vue de me contraindre par la force à ce qui est contraire au droit de ma *liberté*, c'est-à-dire, de *me rendre esclave*... Afin donc que ma personne soit en sûreté, il faut nécessairement que je sois délivré d'une telle force et d'une telle violence ; et la raison m'ordonne de regarder comme l'ennemi de ma *conservation*, celui qui est dans la résolution de me ravir la *liberté*, laquelle en est, pour ainsi dire, le rempart. De sorte que celui qui entreprend de me rendre *esclave*, se met par-là avec moi dans l'*état de guerre*. Lorsque quelqu'un dans l'*état de nature*, veut ravir la *liberté* qui appartient à tous ceux qui sont dans cet état, il faut nécessairement supposer qu'il a dessein de ravir toutes les autres choses, puisque la *liberté* est le fondement de tout le reste; tout de même qu'un homme, dans un *état de société*; qui raviroit la *liberté*, qui appartient à tous les membres de la société, doit être considéré comme ayant dessein de leur ravir toutes les autres choses, et par conséquent comme étant avec eux dans l'*état de guerre*.

III. Ce que je viens de poser, montre qu'un homme peut légitimement tuer un voleur qui ne lui aura pourtant pas causé le moindre dommage, et qui n'aura pas autrement fait connoître qu'il en voulût à sa vie, que par la violence dont il aura usé pour l'avoir en son pouvoir, pour prendre son argent, pour faire de lui tout ce qu'il voudroit. Car ce voleur employant la violence et la force, lorsqu'il n'a aucun droit de me mettre en son pouvoir et en sa disposition; je n'ai nul sujet de supposer, quelque prétexte qu'il allègue, qu'un tel homme entreprenant de *ravir ma liberté*, ne me veuille ravir toutes les autres choses, dès que je serai en son pouvoir. C'est pourquoi, il *m'est* permis de le traiter comme un homme qui s'est mis avec moi *dans un état de guerre*, c'est-à-dire, de le tuer, si je puis : car enfin, quiconque introduit l'*état de guerre*, est l'agresseur en cette rencontre, et il s'expose certainement à un traitement semblable à celui qu'il a résolu de faire à un autre, et risque sa vie.

IV. Ici paroît *la différence qu'il y a entre l'état de nature, et l'état de guerre*, lesquels quelques-uns ont confondus, quoique *ces deux sortes d'états soient aussi différens et aussi éloignés l'un de l'autre*, que sont un état de paix, de bienveillance, d'assistance et de conservation mutuelle, et un état d'inimitié, de malice, de violence et de mutuelle destruction. Lorsque les hommes vivent ensemble conformément à la raison, sans aucun supérieur sur la terre, qui ait l'autorité de juger leurs différends, ils sont précisément dans l'*état de nature* : ainsi la violence, ou un dessein ouvert de violence d'une personne à l'égard d'une autre, dans une circonstance où il n'y a sur la terre nul supérieur commun, à qui l'on puisse appeler, produit l'*état de guerre;* et faute d'un Juge, devant lequel on puisse faire comparoître un agresseur, un homme a, sans doute, le droit de faire la guerre à cet agresseur, quand même l'un et l'autre seroient membres d'une même société, et sujets d'un même état. Ainsi, je puis tuer sur-le-champ un voleur qui se jette sur moi, se saisit des rênes de mon cheval, arrête mon carrosse; parce que la loi qui a été faite pour ma conservation, si elle ne peut être interposée pour assurer, contre la violence et un attentat présent et subit, ma vie, dont la perte ne sauroit jamais être réparée, me permet de me défendre : me met dans le droit que nous donne *l'état de guerre,* de tuer mon agresseur, lequel ne me donne point le tems de l'appeler devant notre commun Juge, et de faire décider, par les loix, un cas, dont le malheur peut être irréparable (1). *La privation d'un commun Juge*, re-

---

(1) C'est par cette raison-là que la loi permet de tuer un voleur que vous découvrez sur votre sol, à heure indue, dans la supposition qu'il n'y vient que pour vous voler, et que s'il ne peut le faire sans vous

vêtu d'autorité, met tous les hommes dans l'état de nature : et la violence injuste et soudaine, dans le cas qui vient d'être marqué, produit l'état de guerre, soit qu'il y ait, ou qu'il n'y ait point de commun Juge.

V. Mais quand la violence cesse, *l'état de guerre* cesse aussi entre ceux qui sont

---

assassiner, il pourra se porter à cette extrémité, qui ne vous laisseroit pas le tems, ou d'appeler du secours, ou de le citer devant le Magistrat. Outre cela cette conduite, toute sévère qu'elle paroisse, est autorisée par le souverain législateur, *Exod. ch. XXII, v.* 2. *Solon* et *Platon* sont du même sentiment, et chez les Romains les XII Tables disent expressément. *Si nox fuctum faxit, si eum aliquis occidit jure occisus esto*. Voici comme s'explique sur ce sujet un auteur très-estimé. Dans un *pareil cas l'on rentre en quelque manière en l'état de nature, où les moindres crimes peuvent être punis de mort; et ici il n'y a point d'injustice dans une défense poussée si loin pour conserver son bien. Car comme ses sortes d'attentats ne parviennent guère à la connoissance du Magistrat, le tems ne permettant pas souvent d'en implorer la protection, ils demeurent très-souvent impunis. Lors donc qu'on trouve moyen de les punir, on le fait à toute rigueur, afin que, si d'un côté, l'espérance de l'impunité rend les scélérats plus entreprenans, de l'autre, la crainte d'un châtiment si sévère, soit capable de rendre la malice plus timide.* Cumberl.

membres d'une même société ; et ils sont tous également obligés de se soumettre à la pure détermination des loix : car alors ils ont le remède de l'appel pour les injures passées, et pour prévenir le dommage qu'ils pourroient recevoir à l'avenir. Que s'il n'y a point de tribunal devant lequel on puisse porter les causes, comme dans l'*état de nature* ; s'il n'y a point de loix positives et de Juges revêtus d'autorité ; l'*état de guerre ayant une fois commencé, la partie innocente y peut continuer avec justice*, pour détruire son ennemi, toutes les fois qu'il en aura le moyen, jusques à ce que l'agresseur offre la paix et desire se reconcilier, sous des conditions qui soient capables de réparer le mal qu'il a fait, et de mettre l'innocent en sûreté pour l'avenir. Je dis bien plus, si on peut appeler aux loix, et s'il y a des Juges établis pour régler les différends, mais que ce remède soit inutile, soit refusé par une manifeste corruption de la justice, et du sens des loix, afin de protéger et indemniser la violence et les injures de quelques-uns et de quelque parti ; il est mal-aisé d'envisager ce désordre autrement que comme un *état de guerre* : car lors même que ceux qui ont été établis pour administrer la justice, ont usé de violence, et fait des injustices; c'est toujours injustice, c'est toujours violence, quelque nom qu'on donne à leur conduite, et quelque prétexte, quelques formalités de justice qu'on allègue, puisque, après tout, le but des loix est de protéger et soutenir l'innocent, et de prononcer des jugemens équitables à l'égard de ceux qui sont soumis à ces loix. Si donc on n'agit pas de bonne-foi en cette occasion, on fait la guerre à ceux qui en souffrent, lesquels ne pouvant plus attendre de justice sur la terre, n'ont plus pour remède, que le droit d'appeler au Ciel.

VI. Pour éviter cet *état de guerre*, où l'on ne peut avoir recours qu'au Ciel, et dans lequel les moindres différends peuvent être si soudainement terminés, lorsqu'il n'y a point d'autorité établie, qui décide entre les contendans; *les hommes ont formé des sociétés, et ont quitté l'état de nature:* car s'il y a une autorité, un pouvoir sur la terre, auquel on peut appeler, l'*état de guerre* ne continue plus, il est exclu, et les différends doivent être décidés par ceux qui ont été revêtus de ce pouvoir. S'il y avoit eu une Cour de justice de cette nature, quelque

Jurisdiction souveraine sur la terre pour terminer les différends qui étoient entre *Jephté* et les *Ammonites*, ils ne se seroient jamais mis dans *l'état de guerre* : mais nous voyons que *Jephté* fut contraint d'appeler au Ciel (*). *Que l'Eternel*, dit-il, *qui est le Juge, juge aujourd'hui entre les enfans d'Israël, et les enfans d'Ammon.* Ensuite, se reposant entièrement sur son appel, il conduit son armée pour combattre. Ainsi, dans ces sortes de disputes et de contestations, si l'on demande : *Qui sera le Juge ?* L'on ne peut entendre, qui décidera sur la terre et terminera les différends ? Chacun sait assez, et sent assez en son cœur ce que *Jephté* nous marque par ces paroles : l'*Eternel, qui est le Juge, jugera.* Lorsqu'il n'y a point de Juge sur la terre, l'on doit appeler à Dieu dans le Ciel. Si donc l'on demande, *qui jugera ?* On n'entend point, qui jugera si un autre est en *état de guerre* avec moi, et si je dois faire comme *Jephté*, appeler au Ciel ? Moi seul alors puis juger de la chose en ma conscience, et conformément au compte que je suis obligé de rendre, en la grande journée, au Juge souverain de tous les hommes.

(*) Jug. 11, 27.

CHAPITRE III.

De l'Esclavage.

Ier. LA *liberté naturelle* de l'homme, consiste à ne reconnoître aucun pouvoir souverain sur la terre, et de n'être point assujéti à la volonté ou à l'autorité législative de qui que ce soit; mais de suivre seulement les *loix de la nature.* La *liberté*, dans la société civile, consiste à n'être soumis à aucun *pouvoir législatif*, qu'à celui qui a été établi, par le consentement de la communauté; ni à aucun autre empire qu'à celui qu'on y reconnoît, ou à d'autres loix qu'à celles que ce même *pouvoir législatif* peut faire, conformément au droit qui lui en a été communiqué. La *liberté* donc n'est point ce que le Chevalier *Filmer* nous marque, *O. A. 55. Une liberté, par laquelle chacun fait ce qu'il veut, vit comme il lui plaît, et n'est lié par aucune loi* (1).

---

(1) C'est-là plutôt la définition du *libertinage* et de la *licence*. La *liberté* a des bornes, et c'est la *saine raison*, que le Créateur a donnée à tous les hommes, qui les lui prescrit. Chacun en porte les loix tracées dans son cœur, du doigt même de la Divinité.

Mais la *liberté* des hommes, qui sont soumis à un Gouvernement, est d'avoir, pour la conduite de la vie, une certaine *règle commune*, qui ait été prescrite par le *pouvoir législatif*, qui a été établi, ensorte qu'ils puissent suivre et satisfaire leur volonté en toutes les choses auxquelles cette *règle* ne s'oppose pas; et qu'ils ne soient point sujets à la fantaisie, à la volonté inconstante, incertaine, inconnue, arbitraire d'aucun autre homme : tout démontre de même que la *liberté de la nature* consiste à n'être soumis à aucunes autres loix, qu'à celles de la *nature*.

II. Cette *liberté* par laquelle l'on n'est point assujéti à un pouvoir arbitraire et absolu, est si nécessaire, et est unie si étroitement avec la *conservation de l'homme*, qu'elle n'en peut être séparée que par ce qui détruit en même-tems sa *conservation et sa vie*. Or, un homme n'ayant point de pouvoir sur sa propre vie, ne peut, par aucun traité, ni par son propre consentement, se rendre *esclave* de qui que ce soit, ni se soumettre au pouvoir absolu et arbitraire d'un autre, qui lui ôte la vie quand il lui plaira. Personne ne peut donner plus de pouvoir qu'il n'en a lui-même; et celui qui

qui ne peut s'ôter la vie, ne peut, sans doute, communiquer à un autre aucun droit sur elle. Certainement, si un homme, par sa mauvaise conduite et par quelque crime, a mérité de perdre la vie, celui qui a été offensé, et qui est devenu, en ce cas, maître de sa vie, peut, lorsqu'il a le coupable entre ses mains, différer de la lui ôter, et a droit de l'employer à son service. En cela, il ne lui fait aucun tort ; car au fonds, quand le criminel trouve que son esclavage est plus pesant et plus fâcheux que n'est la perte de sa vie, il est en sa disposition de s'attirer la mort qu'il desire, en résistant et désobéissant à son maître.

III. Voilà quelle est la véritable condition de l'*esclavage*, qui n'est rien autre chose que *l'état de guerre continué entre un légitime conquérant et un prisonnier*. Que si ce conquérant et ce prisonnier venoient à faire entre eux un accord, par lequel le pouvoir fût limité à l'égard de l'un, et l'obéissance fût limitée à l'égard de l'autre, l'*état de guerre* et d'*esclavage* cesse, autant que le permet l'accord et le traité qui a été fait (1). Du reste, comme il a été

---

(1) Il n'y a de véritablement *esclaves* que ceux qui ont été pris en guerre. Or, dans *l'état de guerre*,

dit, personne ne pouvant, par convention, et de son consentement, céder et communiquer à un autre *ce qu'il n'a point lui-même*, ne peut aussi donner à un autre aucun pouvoir sur sa propre vie.

IV. J'avoue que nous lisons que, parmi les Juifs (1), aussi bien que parmi les autres nations, les hommes se vendoient eux-mêmes : mais il est visible que *c'étoit seulement pour être serviteurs, et non esclaves.* Et comme ils ne s'étoient point vendus

---

le conquérant est absolument maître de son prisonnier, qu'il peut, conformément à la *loi naturelle*, traiter comme celui-ci auroit pu le traiter, s'il l'eût pris, c'est-à-dire, le dépouiller de ses biens, et même de sa vie. Mais quand le conquérant a accordé la vie à son *esclave*, à condition de le servir, je soutiens que c'est un contrat, qui ôte au premier le droit de vie sur le dernier, qu'il ne peut même vendre ou donner à un autre maître.

(1) *Lorsque ton frère étant réduit à la pauvreté, se sera vendu à toi, tu ne le contraindras pas à te servir comme un esclave.* Levit. XXV, 39. Ce passage prouve qu'il y avoit avant *Moïse* des *esclaves* dont la condition étoit pire que celle des *serviteurs*, gens qui s'étoient vendus ou engagés pour servir celui qui leur donnoit la nourriture et les choses nécessaires à la vie, ce qui fait dire à *Chrysipe*, au rapport de *Sénèque*, que ce sont des *mercenaires perpétuels*.

pour être sous un pouvoir absolu, arbitraire, despotique; aussi leurs maîtres ne pouvoient les tuer en aucun tems, puisqu'ils étoient obligés de les laisser aller en un certain tems (1), et de ne trouver pas mauvais qu'ils quittassent leur service. Les maîtres même de ces serviteurs, bien loin d'avoir un pouvoir arbitraire sur leur vie, ne pouvoient point les mutiler; et s'ils leur faisoient perdre un œil, ou leur faisoient tomber une dent, ils étoient tenus de leur donner la liberté (2).

CHAPITRE IV.

De la Propriété des choses.

Ier. Soit que nous considérions la *raison naturelle*, qui nous dit que les hommes ont droit de se conserver, et conséquemment de manger et de boire, et de faire d'autres choses de cette sorte, selon que la nature les fournit de biens pour leur subsistance; soit que nous consultions la révélation, qui nous apprend ce que Dieu a accordé

---

(1) Cela s'entend des Juifs, en l'année du *Jubilé*.
(2) Exode XXI, 27.

en ce monde à *Adam*, à *Noé*, et à ses fils; il est toujours évident, que Dieu, dont David dit (*), *qu'il a donné la terre aux fils des hommes*, a donné *en commun* la terre au genre-humain. Mais cela étant, il semble qu'il est difficile de concevoir qu'une personne particulière puisse posséder rien en propre. Je ne veux pas me contenter de répondre, que s'il est difficile de sauver et d'établir la propriété des biens, supposé que Dieu ait donné *en commun* la terre à *Adam* et à sa postérité, il s'ensuivroit qu'aucun homme, excepté un *Monarque universel*, ne pourroit posséder aucun bien en propre: mais je tâcherai de montrer, comment les hommes peuvent posséder en propre diverses portions de ce que Dieu leur a donné en commun, et peuvent en jouir sans aucun accord formel fait entre tous ceux qui y ont naturellement le même droit.

II. Dieu, qui a donné la terre aux hommes en commun, leur a donné pareillement la *raison*, pour faire de l'un et de l'autre l'usage le plus avantageux à la vie et le plus commode. La terre, avec tout ce qui y est contenu, est donnée aux hommes pour leur

---

(*) Psalm. CXV, 16.

subsistance et pour leur satisfaction. Mais, quoique tous les fruits qu'elle produit naturellement, et toutes les bêtes qu'elle nourrit, appartiennent en commun au genre humain, en tant que ces fruits sont produits, et ces bêtes sont nourries par les soins de la nature *seule*, et que personne n'a originellement aucun droit particulier sur ces choses-là, considérées précisément dans l'*état de nature* ; néanmoins, ces choses étant accordées par le Maître de la nature pour l'usage des hommes, il faut nécessairement qu'avant qu'une personne particulière puisse en tirer quelque utilité et quelque avantage, elle puisse s'en approprier quelques-unes. Le fruit ou gibier qui nourrit un *Sauvage des Indes*, qui ne reconnoît point de bornes ; qui possède les biens de la terre en commun, lui appartient en propre, et il en est si bien le propriétaire, qu'aucun autre n'y peut avoir de droit, à moins que ce fruit ou ce gibier ne soit absolument nécessaire pour la conservation de sa vie.

III. Encore que la terre et toutes les créatures inférieures soient communes et appartiennent en général à tous les hommes, chacun pourtant a un droit particulier sur sa propre personne, sur laquelle nul autre ne peut avoir aucune prétention. Le travail de son corps et l'ouvrage de ses mains, nous le pouvons dire, sont son bien propre. Tout ce qu'il a tiré de *l'état de nature*, par sa peine et son industrie, appartient à lui seul : car cette peine et cette industrie étant sa peine et son industrie *propre* et *seule*, personne ne sauroit avoir droit sur ce qui a été acquis par cette peine et cette industrie, sur-tout, s'il reste aux autres assez de semblables et d'aussi bonnes choses communes.

IV. Un homme qui se nourrit de gland qu'il amasse sous un chêne, ou de pommes qu'il cueille sur des arbres, dans un bois, se les approprie certainement par-là. On ne sauroit contester que ce dont il se nourrit, en cette occasion, ne lui appartienne légitimement. Je demande donc : *Quand est-ce que ces choses qu'il mange, commencent à lui appartenir en propre?* Lorsqu'il les digère, ou lorsqu'il les mange, ou lorsqu'il les cuit, ou lorsqu'il les porte chez lui, ou lorsqu'il les cueille? Il est visible qu'il n'y a rien qui puisse les rendre siennes, que le soin et la peine qu'il prend de les cueillir et de les amasser. Son travail distingue et sépare alors ces fruits des autres biens qui sont communs; il y ajoute quelque chose de plus que la *nature*, la mère commune de tous, n'y a mis; et, par ce moyen, ils deviennent son bien particulier. Dira-t-on, qu'il n'a point un droit de cette sorte sur ce gland et sur ces pommes, qu'il s'est appropriées, à cause qu'il n'a pas là-dessus le consentement de tous les hommes? Dira-t-on que c'est un vol, de prendre pour soi, et de s'attribuer uniquement, ce qui appartient à tous en commun? Si un tel consentement étoit nécessaire, la personne dont il s'agit, auroit pu mourir de faim, nonobstant l'abondance au milieu de laquelle Dieu l'a mise. Nous voyons que dans les communautés qui ont été formées par accord et par traité, ce qui est laissé *en commun*, seroit entièrement inutile, si on ne pouvoit en prendre et s'en approprier quelque partie et par quelque voie. Il est certain qu'en ces circonstances on n'a point besoin du consentement de tous les membres de la société. Ainsi, l'herbe que mon cheval mange, les mottes de terre que mon valet a arrachées, et les creux que j'ai faits dans des lieux, auxquels j'ai un droit commun avec d'autres, deviennent mon bien et mon héritage propre, sans le consentement de qui que ce soit. Le *tra-*

vail, qui est mien, mettant ces choses hors de l'*état commun* où elles étoient, les a fixées et me les a appropriées.

V. S'IL étoit nécessaire d'avoir un consentement exprès de tous les membres d'une société, afin de pouvoir s'approprier quelque partie de ce qui est donné ou laissé *en commun* ; des enfans ou des valets ne sauroient couper rien, pour manger, de ce que leur père ou leur maître, leur auroit fait servir en commun, sans marquer à aucun sa part particulière et précise. L'eau qui coule d'une fontaine publique, appartient à chacun ; mais si une personne en a rempli sa cruche, qui doute que l'eau qui y est contenue, n'appartienne à cette personne seule ? Sa peine a tiré cette eau, pour ainsi dire, des *mains* de la *nature*, entre lesquelles elle étoit commune et appartenoit également à tous ses enfans, et l'a appropriée à la personne qui l'a puisée.

VI. AINSI, cette loi de la raison, fait que le cerf qu'un Indien a tué, est réputé le bien propre de cet homme, qui a employé son travail et son adresse, pour acquérir une chose sur laquelle chacun avoit auparavant un droit commun. Et parmi les peuples civilisés, qui ont fait tant de loix positives pour déterminer la propriété des choses, cette loi originelle de la *nature*, touchant le commencement du droit particulier que des gens acquièrent sur ce qui auparavant étoit commun, a toujours eu lieu, et a montré sa force et son efficace. En vertu de cette loi, le poisson qu'un homme prend dans l'Océan, ce commun et grand vivier du genre-humain, ou l'ambre-gris qu'il y pêche, est mis par son travail hors de cet *état commun* où la *nature* l'avoit laissé, et devient son bien propre. Si quelqu'un même, parmi nous, poursuit à la chasse un lièvre, ce lièvre est censé appartenir, durant la chasse, à celui seul qui le poursuit. Ce lièvre est bien une de ces bêtes qui *sont toujours regardées comme communes*, et dont personne n'est le propriétaire : néanmoins, quiconque emploie sa peine et son industrie pour le poursuivre et le prendre, le tire par-là de *l'état de nature*, dans lequel il étoit *commun*, et le rend sien.

VII. On objectera, peut-être, que si en cueillant et amassant des fruits de la terre, un homme acquiert un droit propre et particulier sur ces fruits, il pourra en prendre autant qu'il voudra. Je réponds qu'il ne s'ensuit point qu'il ait droit d'en user de cette manière. Car la même *loi de la nature*, qui donne à ceux qui cueillent et amassent des fruits communs, un droit particulier sur ces fruits-là, renferme en mêmetems ce droit dans de certaines bornes (*). *Dieu nous a donné toutes choses abondamment.* C'est la voix de la *raison*, confirmée par celle de l'inspiration. Mais à quelle fin ces choses nous ont-elles été données de la sorte par le Seigneur ? *Afin que nous en jouissions.* La raison nous dit que la propriété des biens acquis par le travail, doit donc être réglée selon le bon usage qu'on en fait pour l'avantage et les commodités de la vie. Si l'on passe les bornes de la modération, et que l'on prenne plus de choses qu'on n'en a besoin, on prend, sans doute, ce qui appartient aux autres. Dieu n'a rien fait et créé pour l'homme, qu'on doive laisser corrompre et rendre inutile. Si nous considérons l'abondance des provisions naturelles qu'il y a depuis long-tems dans le monde ; le petit nombre de ceux qui peuvent en user, et à qui elles sont destinées, et combien peu une per-

---

(*) 1. Tim. VI, 17.

sonne peut s'en approprier au préjudice des autres, principalement s'il se tient dans les bornes que la raison a mises aux choses dont il est permis d'user, on reconnoîtra qu'il n'y a guère de sujets de querelles et de disputes à craindre par rapport à la propriété des biens ainsi établie.

VIII. Mais la principale matière de la *propriété*, n'étant pas à présent les fruits de la terre, ou les bêtes qui s'y trouvent, mais la terre elle-même, laquelle contient et fournit *tout le reste*, je dis que, par rapport aux parties de la terre, il est manifeste qu'on en peut acquérir la propriété en la même manière que nous avons vu qu'on pouvoit acquérir la propriété de certains fruits. Autant d'arpens de terre qu'un homme peut labourer, semer, cultiver, et dont il peut consumer les fruits pour son entretien, autant lui en appartient-il en propre. Par son travail, il rend ce bien-là son bien *particulier*, et le distingue de ce qui est *commun* à tous. Et il ne sert de rien d'alléguer que chacun y a autant de droit que lui, et que, par cette raison, il ne peut se l'approprier, il ne peut l'entourer d'une clôture, et le fermer de certaines bornes, sans le consentement de tous les autres hommes, lesquels ont part, comme lui, à la même terre commune. Car, lorsque Dieu a donné *en commun* la terre au genre-humain, il a commandé en même-tems à l'homme de travailler ; et les besoins de sa condition requièrent assez qu'il travaille. Le créateur et la raison lui *ordonnent de labourer* la terre, de la semer, d'y planter des arbres *et d'autres choses ; la cultiver*, pour l'avantage, la conservation et les commodités de la vie, et lui apprennent que cette portion de la terre, *dont il prend soin, devient, par son travail, son héritage particulier*. Tellement que celui qui, conformément à cela, a labouré, semé, cultivé un certain nombre d'arpens de terre, a véritablement acquis, par ce moyen, un *droit de propriété* sur ses arpens de terre, auxquels nul autre ne peut rien prétendre, et qu'il ne peut lui ôter sans injustice.

IX. D'AILLEURS ; en s'appropriant un certain coin de terre, par son travail et par son adresse, on ne fait tort à personne, puisqu'il en reste toujours assez et d'aussi bonne, et même plus qu'il n'en faut à un homme qui ne se trouve pas pourvu. Un homme a beau en prendre pour son usage et sa subsistance, il n'en reste pas moins pour tous les autres : et quand d'une chose on en laisse beaucoup plus que n'en ont besoin les autres, il leur doit être fort indifférent, qu'on s'en soit pourvu, ou qu'on ne l'ait pas fait. Qui, je vous prie, s'imaginera qu'un autre lui fait tort en buvant, même à grands traits, de l'eau d'une grande et belle rivière, qui, subsistant toujours toute entière, contient et présente infiniment plus d'eau qu'il ne lui en faut pour étancher sa soif ? Or, le cas est ici le même, et ce qui est vrai à l'égard de l'eau d'un fleuve, l'est aussi à l'égard de la terre.

X. Dieu a donné la terre aux hommes *en commun* : mais, puisqu'il la leur a aussi donnée pour les plus grands avantages, et pour les *plus grandes commodités* de la vie qu'ils en puissent retirer, on ne sauroit supposer et croire qu'il entend que la terre demeure toujours *commune* et sans culture. Il l'a donnée pour l'usage des hommes industrieux, laborieux, raisonnables ; non pour être l'objet et la matière de la fantaisie ou de l'avarice des querelleurs, des chicaneurs. Celui à qui on a laissé autant de bonne terre qu'il en peut cultiver et qu'il s'en est déjà approprié, n'a nul sujet de se plaindre ; et il ne doit point troubler un autre dans une possession qu'il cultive à la sueur de son visage. S'il le fait, il est manifeste qu'il convoite et usurpe un bien qui est entièrement dû aux peines et au travail d'autrui, et auquel il n'a nul droit; sur-tout puisque ce qui reste sans possesseur et propriétaire, est aussi bon que ce qui est déjà approprié, et qu'il a en sa disposition beaucoup plus qu'il ne lui est nécessaire, et au-delà de ce dont il peut prendre soin.

XI. IL est vrai que pour ce qui regarde une terre qui est *commune* en *Angleterre*, ou en quelque autre pays, où il y a quantité de gens, sous un même Gouvernement, parmi lesquels l'argent roule, et le commerce fleurit, personne ne peut s'en approprier et fermer de bornes aucune portion, sans le consentement de tous les membres de la société. La raison en est, que cette sorte de terre est laissée *commune* par accord, c'est-à-dire, par les loix du pays, lesquelles on est obligé d'observer. Cependant, bien que cette terre-là soit *commune* par rapport à quelques hommes qui forment un certain corps de société, il n'en est pas de même à l'égard de tout le genre-humain: cette terre doit être considérée comme une propriété de ce pays ou de cette paroisse, où une certaine convention a été faite. Au reste, on peut ajouter à la raison, tirée des loix du pays, cette autre qui est d'un grand poids ; savoir, que si on venoit à fermer de certaines bornes, et à s'approprier quelque portion de la terre *commune*, que nous supposons, ce qui en resteroit ne seroit pas aussi utile et aussi avantageux aux membres de la communauté, que lorsqu'elle étoit toute entière. Et, en cela, la *chose* est tout autrement aujourd'hui qu'elle ne l'étoit au commencement du monde, lorsqu'il s'agissoit de peupler la terre, qui étoit donnée *en commun* au genre humain. Les loix sous lesquelles les hommes vivoient alors, *bien loin de les empêcher de s'approprier quelque portion de terre, les obligeoient fortement à s'en approprier quelqu'une.* Dieu leur commandoit de travailler, et leurs besoins les y contraignoient assez. De sorte que ce, en quoi ils employoient leurs soins et leurs peines, devenoit sans difficulté, leur bien propre ; et on ne pouvoit, sans injustice, les chasser d'un lieu où ils avoient fixé leur demeure et leur possession, et dont ils étoient les maîtres, les propriétaires, de droit divin :

car, enfin, nous voyons que labourer, que cultiver la terre, et avoir domination sur elle, sont deux choses jointes ensemble. L'une donne droit à l'autre. Tellement que le Créateur de l'univers, commandant de labourer et cultiver la terre, a donné pouvoir, en même-tems, de s'en approprier autant qu'on en peut cultiver; et la condition de la vie humaine, qui requiert le travail et une certaine matière sur laquelle on puisse agir, introduit nécessairement les possessions privées.

XII. La mesure de la propriété a été très-bien réglée par la *nature*, selon l'étendue du travail des hommes, et selon la commodité de la vie. Le travail d'un homme ne peut être employé par rapport à tout, il ne peut s'approprier tout; et l'usage qu'il peut faire de certains fonds, ne peut s'étendre que sur peu de chose : ainsi, il est impossible que personne, par cette voie, empiète sur les droits d'autrui, ou acquière quelque *propriété*, qui préjudicie à son prochain, lequel trouvera toujours assez de place et de possession, aussi bonne et aussi grande que celle dont un autre se sera pourvu, et que celle dont il auroit pu se pourvoir auparavant lui-même. Or, cette

cette mesure met, comme on voit, des bornes aux biens de chacun, et oblige à garder de la proportion et user de modération et de retenue ; en sorte qu'en s'appropriant quelque bien, on ne fasse tort à qui que ce soit. Et, dans le commencement du monde, il y avoit si peu à craindre que la propriété des biens nuisît à quelqu'un, qu'il y avoit bien plus de danger que les hommes périssent, en s'éloignant les uns des autres ; et s'égarant dans le vaste désert de la terre, qu'il n'y en avoit qu'ils ne se trouvassent à l'étroit, faute de place et de lieu qu'ils pussent cultiver et rendre propre. Il est certain aussi que la même mesure peut toujours être en usage, sans que personne en reçoive du préjudice. Car, supposons qu'un homme ou une famille, dans l'état où l'on étoit au commencement, lorsque les enfans d'*Adam* et de *Noé* peuploient la terre, soit allé dans l'*Amérique*, toute vuide et destituée d'habitans ; nous trouverons que les possessions que cet homme ou cette famille aura pu acquérir et cultiver, conformément à la mesure que nous avons établie, ne seront pas d'une fort grande étendue, et qu'en ce tems-ci même elles ne pouvoient nuire au reste

F

des hommes, ou leur donner sujet de se plaindre, et de se croire offensés et incommodés par les démarches d'un tel homme ou d'une telle famille; quoique la race du genre-humain ayant extrêmement multiplié, se soit répandue par toute la terre, et excède infiniment, en nombre, les habitans du premier âge du monde. Et l'étendue d'une possession est de si peu de valeur sans le travail, que j'ai entendu assurer qu'en *Espagne* même, un homme avoit permission de labourer, semer et moissonner dans des terres, sur lesquelles il n'avoit d'autre droit, que le présent et réel usage qu'il faisoit de ces sortes de fonds. Bien loin même que les propriétaires trouvent mauvais le procédé d'un tel homme; ils croient, au contraire, lui être fort obligés à cause que, par son industrie et ses soins, des terres négligées et désertes ont produit une certaine quantité de bled, dont on manquoit. Quoi qu'il en soit, car je ne garantis pas la chose, j'ose hardiment soutenir que la même mesure et la même régle de propriété; savoir, que chacun doit posséder autant de bien qu'il lui en faut pour sa subsistance, peut avoir lieu aujourd'hui, et pourra toujours avoir lieu dans le monde, sans que personne en soit incommodé et mis à l'étroit, puisqu'il y a assez de terre pour autant encore d'habitans qu'il y en a; quand même l'usage de l'argent n'auroit pas été inventé. Or, quand à l'accord qu'ont fait les hommes au sujet de la valeur de l'argent monnoyé, dont ils se servent pour acheter de grandes et vastes possessions, et en être les seuls maîtres; je ferai voir ci-après (1) comment cela s'est fait, et sur quels fondemens, et je m'étendrai sur cette matière autant qu'il sera nécessaire pour l'éclaircir.

XIII. Il est certain qu'au commencement, avant que le desir d'avoir plus qu'il n'est nécessaire à l'homme, eût altéré la valeur naturelle des choses, laquelle dépendoit uniquement de leur utilité par rapport à la vie humaine; ou qu'on fût convenu qu'une petite pièce de métal, qu'on peut garder sans craindre qu'il diminue et déchoie, balanceroit la valeur d'une grande pièce de viande, ou d'un grand monceau de bled : il est certain, dis-je, qu'au commencement du monde, encore que les hommes eussent droit de s'approprier, par

---

(1) Dans le §. XXIII. et suiv.

leur travail, autant des choses de la nature qu'il leur en falloit pour leur usage et leur entretien, ce n'étoit pas, après tout, grand chose, et personne ne pouvoit en être incommodé et en recevoir du dommage, à cause que la même abondance subsistoit toujours en son entier, en faveur de ceux qui vouloient user de la même industrie, et employer le même travail.

XIV. Avant l'appropriation des terres, celui qui amassoit autant de fruits sauvages, et tuoit, attrapoit, ou apprivoisoit autant de bêtes qu'il lui étoit possible, mettoit, par sa peine, ces productions de la nature hors de *l'état de nature*, et acquéroit sur elles un droit de *propriété* : mais si ces choses venoient à se gâter et à se corrompre pendant qu'elles étoient en sa possession, et qu'il n'en fît pas l'usage auquel elles étoient destinées ; si ces fruits qu'il avoit cueillis, se gâtoient, si ce gibier qu'il avoit pris, se corrompoit, avant qu'il pût s'en servir, il violoit, sans doute, les *loix communes* de la *nature*, et méritoit d'être puni, parce qu'il usurpoit la portion de son prochain, à laquelle il n'avoit nul droit, et qu'il ne pouvoit posséder plus de bien qu'il lui en falloit pour la commodité de la vie.

XV. La même mesure règle assez les possessions de la terre. Quiconque cultive un fonds, y recueille et moissonne, en ramasse les fruits, et s'en sert, avant qu'ils se soient pourris et gâtés, y a un droit particulier et incontestable. Quiconque aussi a fermé d'une clôture une certaine étendue de terre, afin que le bétail qui y paîtra, et les fruits qui en proviendront, soient employés à sa nourriture, est le propriétaire légitime de cet endroit-là. Mais si l'herbe de son clos se pourrit sur la terre, ou que les fruits de ses plantes et de ses arbres se gâtent, sans qu'il se soit mis en peine de les recueillir et de les amasser, ce fonds, quoique fermé d'une clôture et de certaines bornes, doit être regardé comme une terre en friche et déserte, et peut devenir l'héritage d'un autre. Au commencement, *Caïn* pouvoit prendre tant de terre qu'il en pouvoit cultiver, et faire, de l'endroit qu'il auroit choisi, son bien propre et sa terre particulière, et en même-tems en laisser assez à *Abel* pour son bétail. Peu d'arpens suffisoient à l'un et à l'autre. Cependant, comme les familles crûrent en nombre, et que l'industrie des hommes s'accrut aussi, leurs possessions furent pareillement plus étendues et plus grandes, à proportion de leurs besoins. On n'avoit pas coutume pourtant de fixer une *propriété* à un certain endroit; cela ne s'est pratiqué qu'après que les hommes eurent composé quelque corps de société particulière, et qu'ils eurent bâti des villes : alors, *d'un commun consentement*, ils ont distingué leurs territoires par de certaines bornes ; et, *en vertu des loix qu'ils ont faites entre eux*, ils ont fixé et assigné à chaque membre de leur société telles ou telles possessions. En effet, nous voyons que, dans cet endroit du monde qui demeura d'abord quelque tems inhabité, et qui vraisemblablement étoit commode, les hommes, du tems d'*Abraham*, alloient libremeut çà et là, de tous côtés, avec leur bétail et leurs troupeaux, qui étoient leurs richesses. Et il est à remarquer qu'*Abraham* en usa de la sorte dans une contrée où il étoit étranger. De-là, il s'ensuit, même bien clairement, que du moins une grande partie de la terre étoit commune, et que les habitans du monde ne s'approprioient pas plus de possessions qu'il leur en falloit pour leur usage et leur subsistance. Que si, dans un même lieu, il n'y avoit pas assez de place pour nourrir et faire paître ensemble leurs troupeaux ; alors, par un accord entre eux, ils se séparoient (1), ainsi que firent (*) *Abraham* et *Lot*, et étendoient leurs pâturages par-tout où il leur plaisoit. Et c'est pour cela aussi qu'*Esaü* abandonna son père * et son frère, et établit sa demeure en la montagne de *Séir*.

XVI. Ainsi, sans supposer en *Adam* aucune domination particulière, ou aucune *propriété* sur tout le monde, exclusivement à tous les autres hommes, puisque l'on ne sauroit prouver une telle domination et une telle *propriété*, ni fonder sur elle la *propriété* et la prérogative d'aucun autre homme, il *faut supposer* que la terre a été donnée aux *enfans des hommes* en commun ; et nous voyons, d'une manière bien claire et bien distincte, par tout ce qui a été posé, comment le travail en rend propres et affec-

―――――――――――――――――――

(1) C'est ainsi qu'en usent encore les tribus d'*Arabes* sorties des *Arabies Pétrée* et *Déserte*, qui se sont retirées dans la *Thébaïde* et aux environs des piramides d'*Egypte*, où chaque Tribu a son *Scheïk el Kebir* ou *Grand-Scheïk*, et chaque famille son *Scheïk* ou Capitaine.

(*) Gen. XIII, 5. * Gen. XXXVI. 6.

tées, à quelques-uns d'eux, certaines parties, et les consacrent légitimement à leur usage; ensorte que le droit que ces gens-là ont sur ces biens déterminés, ne peut être mis en contestation, ni être un sujet de dispute.

XVII. Il ne paroît pas, je m'assure, aussi étrange que ci-devant, de dire, que la *propriété* fondée sur le travail, est capable de balancer la communauté de la terre. Certainement c'est le travail qui met différens prix aux choses. Qu'on fasse réflexion à la différence qui se trouve entre un arpent de terre, où l'on a planté du tabac ou du sucre, ou semé du bled ou de l'orge, et un arpent de la même terre, qui est laissé *commun*, sans propriétaire qui en ait soin : et l'on sera convaincu entièrement que les effets du travail font la plus grande partie de la valeur de ce qui provient des terres. Je pense que la supputation sera bien modeste, si je dis que des productions d'une terre cultivée, 9 dixièmes sont les effets du travail. Je dirai plus. Si nous voulions priser au juste les choses, conformément à l'utilité que nous en retirons, compter toutes les dépenses que nous faisons à leur égard, considérer ce qui appartient purement à la *nature*, et ce qui appartient précisément au travail : nous verrions, dans la plupart des revenus, que 99 centièmes doivent être attribués au travail.

Il ne peut y avoir de plus évidente démonstration sur ce sujet, que celle que nous présentent les divers peuples de l'*Amérique*. Les *Américains* sont très-riches en terres, mais très-pauvres en commodités de la vie. La *nature* leur a fourni aussi libéralement qu'à aucun autre peuple, la matière d'une grande abondance, c'est-à-dire, qu'elle les a pourvus d'un terroir fertile et capable de produire abondamment tout ce qui peut être nécessaire pour la nourriture, pour le vêtement, et pour le plaisir : cependant, *faute de travail et de soin*, ils n'en retirent pas la centième partie des commodités que nous retirons de nos terres ; et un *Roi* en *Amérique*, qui possède de très-amples et très-fertiles districts, est plus mal nourri, plus mal logé, et plus mal vêtu, que n'est en *Angleterre* et ailleurs un ouvrier à la journée.

XVIII. Pour rendre tout ceci encore plus clair et plus palpable, entrons un peu dans le détail, et considérons les provisions ordinaires de la vie, ce qui leur arrive avant qu'elles nous puissent être utiles.

Certainement, nous trouverons qu'elles reçoivent de l'industrie humaine leur plus grande utilité et leur plus grande valeur. Le pain, le vin, le drap, la toile, sont des choses d'un usage ordinaire, et dont il y a une grande abondance. A la vérité, le gland, l'eau, les feuilles, les peaux nous peuvent servir d'aliment, de breuvage, de vêtement : mais le travail nous procure des choses beaucoup plus commodes et plus utiles. Car le pain, qui est bien plus agréable que le gland; le vin, que l'eau; le drap et la soie, plus utiles que les feuilles, les peaux et la mousse, sont des productions du travail et de l'industrie des hommes. De ces provisions, dont les unes nous sont données pour notre nourriture et notre vêtement par la seule *nature*, et les autres nous sont préparées par notre industrie et par nos peines, qu'on examine combien les unes surpassent les autres en valeur et en utilité : et alors on sera persuadé que celles qui sont dues au travail, sont bien plus utiles et plus estimables; et que la matière que fournit un fonds, n'est rien en comparaison de ce qu'on en retire par une diligente culture. Aussi, parmi nous-même, une terre qui est abandonnée, où l'on ne sème et ne plante rien, qu'on a remise, pour parler de la sorte, entre les mains de la *nature*, est appelée, et avec raison, un désert, et ce qu'on en peut retirer, monte à bien peu de chose.

XIX. Un arpent de terre, qui porte ici trente boisseaux de bled, et un autre dans l'*Amérique*, qui, avec la même culture, seroit capable de porter la même chose, sont, sans doute, d'une même qualité, et ont dans le fonds la même valeur. Cependant, le profit qu'on reçoit de l'un, en l'espace d'une année, vaut 5 liv., et ce qu'on reçoit de l'autre, ne vaut peut-être pas un sol. Si tout le profit qu'un *Indien* en retire, étoit bien *pesé*, par rapport à *la manière dont les* choses sont prisées et se vendent parmi nous, je puis dire véritablement qu'il y auroit la différence d'un centième. C'est donc le travail qui donne à une terre sa plus grande valeur, et sans quoi elle ne vaudroit d'ordinaire que fort peu ; c'est au travail que nous devons attribuer la plus grande partie de ses productions utiles et abondantes. La paille, le son, le pain qui proviennent de cet arpent de bled, qui vaut plus qu'un autre d'aussi bonne terre, mais laissé inculte, sont des effets et des productions du travail. En effet, ce n'est pas seulement la peine d'un laboureur, la fatigue d'un moissonneur ou de celui qui bat le bled, et la sueur d'un boulanger, qui doivent être regardées comme ce qui produit enfin le pain que nous mangeons; il faut compter encore le travail de ceux qui creusent la terre, et cherchent dans ses entrailles le fer et les pierres; de ceux qui mettent en œuvre ces pierres et ce fer; de ceux qui abattent des arbres, pour en tirer le bois nécessaire aux charpentiers; des charpentiers, des faiseurs de charrues; de ceux qui construisent des moulins et des fours, de plusieurs autres dont l'industrie et les peines sont nécessaires par rapport au pain. Or, tout cela doit être mis sur le compte du travail. La *nature* et la terre fournissent presque les moins utiles matériaux, considérés en eux-mêmes; et l'on pourroit faire un prodigieux catalogue des choses que les hommes ont inventées, et dont ils se servent, pour un pain; par exemple, avant qu'il soit en état d'être mangé, ou pour la construction d'un vaisseau, qui apporte de tous côtés tant de choses si commodes et si utiles à la vie: je serois infini, sans doute, si je voulois rapporter tout ce qui a été inventé, tout ce qui se fabrique, tout ce qui se fait, par rapport à un seul pain, ou à un seul vaisseau.

XX. Tout cela montre évidemment, que bien que la nature ait donné toutes choses en commun, l'homme néanmoins, étant le maître et le propriétaire de sa propre personne, de toutes ses actions, de tout son travail, a toujours en soi le grand fondement de la *propriété;* et que tout ce, en quoi il emploie ses soins et son industrie, pour le soutien de son être, et pour son plaisir, sur-tout depuis que tant de belles découvertes ont été faites, et que tant d'arts ont été mis en usage et perfectionnés pour la commodité de la vie, lui appartient entièrement en propre, et n'appartient point aux autres en commun.

XXI. Ainsi, le travail, dans le commencement, a donné droit de *propriété*, par-tout même où il plaisoit à quelqu'un de l'employer, c'est-à-dire, dans tous les lieux communs de la terre; d'autant plus qu'il en restoit ensuite, et en a resté, pendant si long-tems, la plus grande partie, et infiniment plus que les hommes n'en pouvoient souhaiter pour leur usage.

D'abord, les hommes, la plupart du moins, se contentèrent de ce que la pure et seule *nature* fournissoit pour leurs besoins. Dans la suite, quoiqu'en certains endroits du monde, qui furent fort peuplés, et où l'usage de l'argent monnoyé commença à avoir lieu, la terre fût devenue rare, et par conséquent d'une plus grande valeur; les sociétés ne laissèrent pas de distinguer leurs territoires par des bornes qu'elles plantèrent, et de faire des loix pour régler les propriétés de chaque membre de la société : et ainsi par accord et par convention fut établie la *propriété*, que le travail et l'industrie avoient déjà commencé d'établir. De plus, les alliances et les traités, qui ont été faits entre divers états et divers royaumes, qui ont renoncé, soit expressément, soit tacitement, au droit qu'ils avoient auparavant sur les possessions des autres, ont, par le consentement commun de ces royaumes et de ces états, aboli toutes les prétentions qui subsistoient, et qu'on avoit auparavant au droit commun que tous les hommes avoient naturellement et originellement sur les pays dont il s'agit : et ainsi, par un accord positif, ils ont réglé et établi entre eux leurs *propriétés* en des pays différens et séparés. Pour ce qui est de ces grands espaces de terre, dont les habitans ne se sont pas joints aux états et aux peuples, dont je viens de parler, et n'ont pas consenti à l'usage de leur argent commun, qui sont déserts et mal peuplés; et où il y a beaucoup plus de terroir qu'il n'en faut à ceux qui y habitent, ils demeurent toujours communs. Du reste, ce cas se voit rarement dans ces parties de la terre où les hommes ont établi entre eux, d'un commun consentement, l'usage et le cours de l'argent monnoyé.

XXII. La plupart des choses qui sont véritablement *utiles à la vie de l'homme*, et si nécessaires pour sa subsistance que les premiers hommes y ont eu d'abord recours, à-peu-près comme font aujourd'hui les *Américains*, sont généralement de peu de durée; et si elles ne sont pas consumées, dans un certain tems, par l'usage auquel elles sont destinées, elles diminuent et se corrompent bientôt d'elles-mêmes. L'or, l'argent, les diamans, sont des choses sur lesquelles la fantaisie ou le consentement des hommes, plutôt qu'un usage réel, et la nécessité de soutenir et conserver sa vie, a mis de la valeur. (1) Or, pour ce qui regarde celles dont la *nature* nous pourvoit en commun pour notre subsistance, chacun y a droit, ainsi qu'il a été dit, sur une aussi grande quantité qu'il en peut consumer pour son usage et pour ses besoins, et il acquiert une propriété légitime au regard de tout ce qui est un effet et une production de son travail : tout ce à quoi il applique ses soins et son industrie, pour le tirer hors de l'état où la *nature* l'a mis, devient, sans difficulté, son bien *propre*. En ce cas, un homme qui amasse ou cueille cent boisseaux de glands, ou de pommes, a, par cette action, un droit de *propriété* sur ces fruits-là, aussi-tôt qu'il les a cueillis et amassés. Ce à quoi seulement il est obligé, c'est de prendre garde de s'en servir avant qu'ils se corrompent et se gâtent : car autretrement ce seroit une marque certaine qu'il en auroit pris plus que sa part, et qu'il auroit dérobé celle d'un autre. Et, certes, ce seroit une grande folie, aussi bien qu'une grande malhonnêteté, de ramasser plus de fruits qu'on n'en a besoin et qu'on n'en peut manger.

---

(1) *Quibus praetium fecit Libido*, dit *Tite-Live*, auxquels nos passions ont mis le prix.

Que si cet homme, dont nous parlons, a pris, à la vérité, plus de fruits et de provisions qu'il n'en falloit pour lui seul; mais qu'il en ait donné une partie à quelqu'autre personne, ensorte que cette partie ne se soit pas pourrie, mais ait été employée à l'usage ordinaire; on doit alors le considérer comme ayant fait de tout un légitime usage. Aussi, s'il troque des prunes, par exemple, qui ne manqueroient point de se pourrir en une semaine, avec des noix qui sont capables de se conserver, et seront propres pour sa nourriture durant toute une année, il ne fait nul tort à qui que ce soit: et tandis que rien ne périt et ne se corrompt entre ses mains, faute d'être employé à l'usage et aux nécessités ordinaires, il ne doit point être regardé comme désolant l'héritage commun, pervertissant le bien d'autrui, prenant avec la sienne la portion d'un autre. D'ailleurs, s'il veut donner ses noix pour une pièce de métal qui lui plaît, ou échanger sa brebis pour des coquilles, ou sa laine pour des pierres brillantes, pour un diamant; il n'envahit point le droit d'autrui : il peut ramasser, autant qu'il veut, de ces sortes de choses durables; l'excès d'une propriété ne consistant point dans l'étendue d'une possession, mais dans la pourriture et dans l'inutilité des fruits qui en proviennent.

XXIII. Or, nous voilà parvenus à l'usage de l'argent monnoyé, c'est-à-dire, à une chose durable, que l'on peut garder long-tems, sans craindre qu'elle se gâte et se pourrisse; qui a été établie par le consentement mutuel des hommes; et que l'on peut échanger pour d'autres choses nécessaires et utiles à la vie, mais qui se corrompent en peu de tems.

Et comme les différens dégrés d'industrie donnent aux hommes, à proportion, la *propriété* de différentes possessions; aussi l'invention de l'argent monnoyé leur a fourni l'occasion de pousser plus loin, d'étendre davantage leurs héritages et leurs biens particuliers. Car supposons une isle qui ne puisse entretenir aucune correspondance et aucun commerce avec le reste du monde, dans laquelle se trouve seulement une centaine de familles, où il y ait des moutons, des chevaux, des bœufs, des vaches, d'autres animaux utiles, des fruits sains, du bled, d'autres choses capables de nourrir cent mille fois autant de personnes qu'il y en a dans l'isle; mais que, soit parce que tout y est commun, soit parce que tout y est sujet à la pourriture, il n'y a rien qui puisse tenir lieu d'argent : quelle raison peut obliger une personne d'étendre sa possession au-delà des besoins de sa famille, et de l'abondance dont il peut jouir, soit en se servant de ce qui est une production précise de son travail, ou en troquant quelqu'une de ces productions utiles et commodes, mais périssables, pour d'autres à-peu-près de la même nature? Où il n'y a point de choses durables, rares, et d'un prix assez considérable, pour devoir être regardées long-tems, on n'a que faire d'étendre fort ses *possessions* et ses terres, puisqu'on en peut toujours prendre autant que la nécessité le requiert. Car enfin, je demande, si un homme occupoit dix mille ou cent mille arpens de terre très-bien cultivée, et bien pourvue et remplie de bétail, au milieu de l'*Amérique*, où il n'auroit nulle espérance de commerce avec les autres parties du monde, pour en attirer de l'argent par la vente de ses revenus et des productions de ses terres, toute cette grande étendue de terre vaudroit-elle la peine d'être fermée de certaines bornes, d'être appropriée? Il est manifeste que le bon sens voudroit que cet homme laissât, dans l'état commun de la *nature*, tout ce qui ne seroit point nécessaire pour le soutien et les commodités de la vie, de lui et de sa famille.

XXIV. Au commencement, tout le monde étoit comme une *Amérique*, et même beaucoup plus dans l'état que je viens de supposer, que n'est aujourd'hui cette partie de la terre, nouvellement découverte. Car alors on ne savoit nulle part ce que c'étoit qu'argent monnoyé. Et il est à remarquer que dès qu'on eut trouvé quelque chose qui tenoit auprès des autres la place de l'argent d'aujourd'hui, les hommes commencèrent à étendre et à agrandir leurs possessions.

XXV. Mais depuis que l'or et l'argent, qui, *naturellement sont si peu utiles* à la vie de l'homme, par rapport à la nourriture, au vêtement, et à d'autres nécessités semblables, ont reçu un certain prix et une certaine valeur, *du consentement des hommes*, quoiqu'après tout le travail contribue beaucoup à cet égard; il est clair, par une conséquence nécessaire, que le même consentement a permis les possessions inégales et disproportionnées. Car dans les gouvernemens où les loix règlent tout, lorsqu'on y a proposé et approuvé un moyen de posséder justement, et sans que personne puisse se plaindre qu'on lui fait tort, plus de choses qu'on en peut consumer pour sa subsistance propre, et que ce moyen c'est l'or et l'argent, lesquels peuvent demeurer éternellement entre les mains d'un homme, sans que ce qu'il en a, au-delà de ce qui lui est nécessaire, soit en danger de se pourrir et de déchoir, le consentement mutuel et unanime rend justes les démarches d'une personne qui, avec des espèces d'argent, agrandit, étend, augmente ses *possessions*, autant qu'il lui plaît.

XXVI. Je pense donc qu'il est facile à présent de concevoir, comment le travail a pu donner, dans le commencement du monde, un droit de *propriété* sur les choses communes de la *nature* ; et comment l'usage que les nécessités de la vie obligeoient d'en faire, régloit et limitoit ce droit-là : ensorte qu'alors il ne pouvoit y avoir aucun sujet de dispute par rapport aux possessions. Le droit et la commodité alloient toujours de pair. Car, un homme qui a droit sur tout ce en quoi il peut employer son travail, n'a guère envie de travailler, plus qu'il ne lui est nécessaire pour son entretien. Ainsi, il ne pouvoit y avoir de sujet de dispute touchant les prétentions et les propriétés d'autrui, ni d'occasion d'envahir et d'usurper le droit et le bien des autres. Chacun voyoit d'abord, à-peu-près, qu'elle portion de terre lui étoit nécessaire; et il auroit été aussi inutile, que malhonnête, de s'approprier et d'amasser plus de chose qu'on n'en avoit besoin.

CHAPITRE V.

Du pouvoir paternel.

1er. IL se pourroit qu'on trouvât impertinent et hors de sa place, un trait de critique dans un discours tel que celui-ci, ce qui ne m'empêchera pas de me recrier contre l'usage d'une expression que la coutume a établi pour désigner le pouvoir dont j'ai dessein de parler dans ce Chapitre; et je crois qu'il n'y a point de mal, à employer des mots nouveaux, lorsque les anciens et les ordinaires font tomber dans l'erreur, ainsi qu'a fait apparemment le mot *pouvoir paternel*, lequel semble faire résider tout le *pouvoir* des *pères* et des *mères* sur leurs enfans, dans les *pères* seuls, comme si les *mères* n'y avoient aucune part. Au lieu que si nous consultons la raison ou la révélation, nous trouverons qu'ils ont l'un et l'autre un droit et un pouvoir égal (1) : ensorte que je ne sais s'il ne vaudroit pas mieux appeler ce pouvoir, le *pouvoir des parens*, ou le pouvoir *des pères et des mères*. Car, enfin, tous les engagemens, toutes

---

(1) Les Auteurs qui ont écrit sur ce sujet depuis *Locke*, n'ont pas suivi son sentiment, puisqu'ils donnent toute l'autorité au père seul ; c'est ce qu'enseignent le Docteur *Cumberland* dans son *Traité philosophique des Loix Naturelles*, M. *Burlamaqui* dans ses *Principes du Droit Naturel*, et M. *Stube de Piermont* dans son *Ebauche des Loix Naturelles*. Ce qui n'est arrivé que parce qu'ils n'ont pas fait attention à la distinction qu'emploie le Docteur des Loix de la *Nature et des Gens*; le Savant *Puffendorff*, en examinant la question *si le père a plus d'autorité que la mère sur son enfant, ou la mère plus que le père*, il dit qu'il faut distinguer si l'on vit dans l'indépendance de l'*état de nature*, ou dans une société civile ; dans le premier cas, l'enfant est à la mère, ce que le Droit Romain a suivi. *Dig. Lib. I, T. I*; dans l'autre cas, qui suppose quelque engagement ou convention entre le père et la mère, on doit voir, par les stipulations de cette convention, lequel des deux doit avoir l'autorité sur l'enfant ; car il est hors des règles, dit-il, que deux personnes aient en même-tems une autorité souveraine sur quelqu'un.

les obligations qu'impose aux enfans le droit de la génération, tirent également leur origine des deux causes qui ont concouru à cette génération. Aussi, voyons-nous que les loix positives de Dieu, touchant l'obéissance des enfans, joignent par-tout, inséparablement, et sans nulle distinction le *père* et la *mère* (1). *Honore ton père et ta mère* (2). *Quiconque maudit son père ou sa mère* (3). *Que chacun craigne son père et sa mère* (4). *Enfans, obéissez à vos pères et à vos mères.* C'est-là le langage uniforme de l'ancien et du nouveau Testament.

II. On peut comprendre, seulement par ce qui vient d'être remarqué, et sans entrer plus avant dans cette matière, que si on y avoit fait réflexion, on auroit pu s'empêcher de tomber dans les grossières bévues où l'on est tombé à l'égard du *pouvoir des parens*, lequel, sans outrer les choses, ne peut être nommé domination absolue, ou autorité royale; lorsque, sous le titre de *pouvoir paternel*, on semble l'approprier au père. Si ce prétendu pouvoir absolu sur les enfans avoit été appelé le *pouvoir des*

---

(1) Exod. XX. 12. (2) Levit XX. 9. (3) Levit XIX. 3. (4) Ephes. VI. 1.

parens, le *pouvoir des pères et des mères*, on auroit senti infailliblement l'absurdité qu'il y a à soutenir un pouvoir de cette nature ; et l'on auroit reconnu que le pouvoir sur les enfans appartient aussi bien à la *mère* qu'au *père*. Les partisans et les défenseurs outrés du monarchisme auroient été convaincus que cette autorité fondamentale, d'où ils font descendre leur Gouvernement favori, la *monarchie*, ne devoit point être mise et renfermée en une seule personne, mais en deux conjointement. Mais en voilà assez pour le nom et le titre de ce dont nous avons à traiter.

III. Quoique j'aie posé dans le premier Chapitre, que *naturellement tous les hommes sont égaux*, il ne faut pas pourtant entendre qu'ils soient égaux à tous égards ; car l'âge ou la vertu peut donner à quelques-uns de la supériorité et de la préséance. Des qualités excellentes et un mérite singulier peuvent élever certaines personnes sur les autres, et les tirer du rang ordinaire. La naissance, l'alliance, d'autres bienfaits, et d'autres engagemens de cette nature, obligent aussi à respecter, à révérer, d'une façon particulière certaines personnes. Cependant, tout cela s'accorde fort bien avec cette égalité dans laquelle se trouve tous les hommes, par rapport à la jurisdiction ou à la domination des uns sur les autres, et dont nous entendions parler précisément au commencement de cet ouvrage : car là il s'agissoit d'établir le droit égal que chacun a à sa *liberté*, et qui fait que personne n'est sujet à la volonté ou à l'autorité d'un autre homme.

IV. J'AVOUE que les enfans ne naissent pas dans cet entier état d'égalité, quoi qu'ils naissent pour cet état. Leurs *père* et *mère* ont une espèce de domination et de jurisdiction sur eux, lorsqu'ils viennent au monde, et ensuite durant quelque tems; mais cela n'est qu'à tems. Les liens de la sujétion des enfans sont semblables à leurs langes et à leurs premiers habillemens, qui leur sont absolument nécessaires à cause de la foiblesse de l'enfance. L'âge et la raison les délivrent de ces liens, et les mettent dans leur propre et libre disposition.

V. ADAM fut créé un homme parfait; son corps et son ame, dès le premier moment de sa création, eurent toute leur force et toute leur raison ; et par ce moyen il étoit capable de pourvoir à sa conservation et à son entretien, et de se conduire conformément à la loi de la *raison*, dont Dieu avoit orné son ame. Depuis, le monde a été peuplé de ses descendans, qui sont tous nés enfans, foibles, incapables de se donner aucun secours à eux-mêmes, et sans intelligence. C'est pourquoi, afin de suppléer aux imperfections d'un tel état, jusqu'à ce que l'âge les eût fait disparoître, *Adam* et *Eve*, et après eux, tous les *pères* et toutes les *mères* ont été *obligés, par la loi de la nature, de conserver, nourrir et élever leurs enfans*, non comme leur propre ouvrage, mais comme l'ouvrage de leur Créateur, comme l'ouvrage du Tout-Puissant, à qui ils doivent en rendre compte.

VI. L a *loi qui devoit régler la conduite d'Adam*, étoit la même que celle qui devoit régler la conduite et les actions de toute sa postérité, c'est-à-dire, la *loi de la raison*. Mais ceux qui sont descendus de lui, entrant dans le monde par une voie différente de celle par laquelle il y étoit entré, y entrant par la naissance naturelle, et par conséquent naissant ignorans et destitués de l'usage de la *raison*, ils ne sont point d'abord *sous cette loi* : car personne ne peut être sous une loi qui ne lui est point manifestée;

or, la *loi de la raison* ne pouvant être manifestée et connue, que par la *raison* seule, il est clair que celui qui n'est pas encore parvenu à l'usage de sa *raison*, ne peut être dit soumis à cette loi : et aussi par un enchaînement de conséquences, les enfans d'*Adam* n'étant point dès qu'ils sont nés, *sous cette loi de la raison*, ne sont point non plus d'abord *libres*. En effet, une loi, suivant sa véritable notion, n'est pas tant faite pour limiter, que *pour faire agir un agent intelligent et libre conformément à ses propres intérêts* : elle ne prescrit rien que par rapport au bien général de ceux qui y sont soumis. Peuvent-ils être plus heureux sans cette loi-là ? Dès-lors cette sorte de loi s'évanouit d'elle-même, *comme une chose inutile ; et ce qui nous conduit dans des précipices et dans des abîmes, mérite sans doute d'être rejeté*. Quoi qu'il en soit, il est certain que la fin d'une loi n'est point d'abolir ou de diminuer la liberté, mais de la conserver et de l'augmenter. Et certes, dans toutes les sortes d'états des êtres créés capables de loix, *où il n'y a point de loi, il n'y a point non plus de liberté*. Car la liberté consiste à être exempt de gêne et de violence, de la part d'autrui : ce qui ne sauroit se trouver où il n'y a point de loi, et où il n'y a point, selon ce que nous avons dit ci-dessus, *une liberté, par laquelle chacun peut faire ce qu'il lui plaît.* Car qui peut être *libre*, lorsque l'humeur fâcheuse de quelque autre pourra dominer sur lui et le maîtriser ? Mais on jouit d'une véritable *liberté*, quand on peut disposer librement et comme on veut, de sa personne, de ses actions, de ses possessions, de tout son *bien propre*, suivant les loix sous lesquelles on vit, et qui font qu'on n'est point sujet à la volonté arbitraire des autres, mais qu'on peut *librement* suivre la sienne propre.

VII. Le pouvoir donc que les *pères* et les *mères* ont sur leurs *enfans*, dérive de cet obligation ou sont les *pères* et les *mères* de prendre soin de leurs enfans durant l'état imparfait de leur enfance. Ils sont obligés de les instruire, de cultiver leur esprit, de régler leurs actions, jusqu'à ce qu'ils aient atteint l'âge de *raison*, et qu'ils puissent se conduire eux-mêmes. Car Dieu ayant donné à l'homme un entendement pour diriger ses actions, lui a accordé aussi la *liberté* de la volonté, la *liberté* d'agir, conformément aux loix sous lesquelles il se trouve. Mais pendant qu'il est dans un état, dans lequel il n'a pas assez d'intelligence pour diriger sa volonté il ne faut pas qu'il suive sa volonté propre, celui qui a de l'intelligence pour lui, doit vouloir pour lui, doit régler sa conduite. Mais lorsqu'il est parvenu à cet état qui a rendu son père un *homme libre*, le fils devient *homme libre* aussi.

VIII. CELA à lieu dans toutes les loix sous lesquelles on vit, et dans les *loix naturelles*, et dans les loix civiles. Quelqu'un se trouve-t-il sous les *loix de la nature* : quest-ce qui peut établir sa *liberté* sous ces loix ? Quest-ce qui peut lui donner la *liberté* de disposer, comme il lui plaît, de son bien, en demeurant dans les bornes de ces loix ? Je réponds que c'est l'état dans lequel il peut être supposé capable de connoître ces loix-là, et de se contenir dans les bornes qu'elles prescrivent. Lorsqu'il est parvenu à cet état, il faut présumer qu'il connoît ce que les loix exigent de lui, et jusqu'où s'étend la *liberté* qu'elles lui donnent. Donc, tout homme qui sait l'étendue de la *liberté* que les loix lui donnent, est en droit de se conduire lui-même. Que si un tel *état de raison*, si un tel état de discrétion a pu rendre quelqu'un *libre*, le même état rend *libre* aussi son fils. Quelqu'un est-il soumis aux loix d'*Angleterre* : qu'est-ce qui le fait *libre*, au milieu de ces loix ? c'est-à-dire, qu'est-ce qui fait qu'il a la *liberté* de disposer de ses actions et de ses possessions, selon sa volonté, conformément pourtant à l'esprit des loix dont il s'agit ? C'est un état qui le rend capable de connoître de la nature de ces loix. Et c'est aussi ce qu'elles supposent elles-mêmes, lorsqu'elles déterminent, pour cela, l'âge de vingt ans, et dans de certains cas, un âge moins avancé. Si un état semblable rend le père *libre*, il doit rendre de même le fils *libre*. Nous voyons donc que les loix veulent qu'un fils, dans sa minorité, n'ait *point de volonté*, mais qu'il suive la volonté de son *père* ou de son conducteur, qui a de l'intelligence pour lui : et si le *père* meurt sans avoir substitué quelqu'un qui eût soin de son fils, et tînt sa place, s'il ne lui a point nommé de tuteur pour le gouverner, durant sa minorité, durant son peu d'intelligence, en ce cas les loix se chargent de ce soin et de cette direction, l'un ou l'autre peut gouverner cet orphelin, et lui proposer sa volonté pour règle, *jusqu'à ce qu'il ait at-*

teint l'*état de liberté*, et que son esprit puisse être propre à gouverner sa volonté selon les loix. Mais après cela, le *père* et le *fils*, le tuteur et le pupille sont *égaux*; ils sont tous également soumis aux mêmes loix : et un *père* ne peut prétendre alors avoir nulle domination sur la vie, sur la *liberté*, sur les biens de son fils, soit qu'ils vivent seulement dans l'état et sous les *loix de la nature*, soit qu'ils se trouvent soumis aux loix positives d'un gouvernement établi.

IX. Mais si par des défauts qui peuvent arriver, hors du cours ordinaire de la *nature*, une personne ne parvient pas à ce degré de *raison*, dans lequel elle peut être supposée capable de connoître les loix et d'en observer les règles, *elle ne peut point être considérée comme une personne libre*, on ne peut jamais la laisser disposer de sa volonté propre, à laquelle elle ne sait pas quelles bornes elle doit donner. C'est pourquoi étant sans l'intelligence nécessaire, et ne pouvant se conduire elle-même, elle continue à être sous la tutelle et sous la conduite d'autrui, pendant que son esprit demeure incapable de ce soin. Ainsi, les *lunatiques* et les *idiots* sont toujours sous la

conduite

conduite et le gouvernement de leurs parens(1). *Or, tout ce droit et tout ce pouvoir des pères et des mères, ne semble être fondé que sur cette obligation, que* Dieu *et la* nature *ont imposée aux hommes, aussi bien qu'aux autres créatures, de conserver ceux à qui ils ont donné la naissance, et de les conserver jusqu'à ce qu'ils soient capables de se conduire eux-mêmes;* et tout ce droit, *tout ce pouvoir ne sauroit que difficilement produire un exemple, ou une preuve de l'autorité royale des parens.*

X. Ainsi, nous naissons *libres*, aussi bien que raisonnables, quoique nous n'exercions pas d'abord actuellement notre *raison* et notre *liberté*. L'âge qui amène l'une, amène aussi l'autre. Et par-là nous voyons comment la *liberté naturelle*, et la sujétion aux parens peuvent subsister ensemble, et sont fondées l'une et l'autre sur le même principe. Un enfant est *libre*, sous la protection et par l'intelligence de son *père*, qui le doit conduire jusqu'à ce qu'il puisse régler ses propres actions. *La liberté d'un homme, à l'âge de discrétion, et la sujétion où est un enfant, pendant un certain tems,*

---

(1) Voyez Hooker, Eccl. Pol., lib. 1, §. 7.

à *l'égard de son* père *et de sa* mère, s'accordent si bien, et sont si peu incompatibles, que les plus entêtés défenseurs de la *monarchie*, de cette *monarchie* qu'ils fondent sur le *droit de paternité* (1), ne sauroient s'empêcher de le reconnoître. Car quand même ce qu'ils enseignent seroit entièrement vrai, quand le droit hérité d'*Adam* seroit à présent tout-à-fait reconnu, et qu'en conséquence de ce droit, de cette prérogative excellente, celui qui l'auroit héritée du premier homme, seroit assis sur son trône, en qualité de monarque, revêtu de tout ce pouvoir absolu et sans bornes, dont parle Ch. *Filmer*, s'il venoit à mourir dès que son héritier seroit né, ne faudroit-il pas que l'enfant, quoiqu'il n'eût été jamais plus *libre*, jamais plus souverain qu'il ne seroit en ce cas, fût dans la sujétion à l'égard de sa mère, de sa nourrice, de ses tuteurs, de ses gouverneurs, jusques à ce que l'âge et l'éducation eussent

---

(1) Tels que *Hobbes* dans son *Léviathan* et *Filmer* dans son *Patriarcha*; parfaitement réfutés par *Algernon Sidney*, et par *Locke*; et cela en leur opposant une raison très-simple, qui est que le *pouvoir paternel* n'ayant jamais été despotique et absolu, ne peut être l'origine du Gouvernement *Monarchique*.

amené la *raison*, et eussent rendu le jeune monarque capable de se conduire lui-même, et de conduire les autres. Les nécessités de sa vie, la santé de son corps, l'instruction et la culture dont son esprit a besoin, demandent qu'il soit conduit et gouverné par la volonté des autres, non par la sienne propre. Qui pourra, après cela, soutenir raisonnablement que cette sujétion ne sauroit s'accorder avec cette *liberté* de souveraineté à laquelle il a droit, ou quelle le dépouille de son empire et de sa domination, pour en revêtir ceux qui le gouvernent durant sa minorité ? Ce qu'ils font ne tend qu'à le rendre plus capable de conduire les autres, et à le mettre en état de prendre *plutôt les rênes* du gouvernement. Si donc quelqu'un me demandoit, quand est-ce que mon fils est en âge de *liberté ?* Je répondrois : justement lorsque ce Monarque est en âge et en état de gouverner. *Mais dans quel tems*, dit le judicieux HOOKER (1), *un homme peut-il être regardé comme ayant l'usage de la raison ? Ce tems, c'est celui où il est capable de connoître la nature de ces loix, suivant lesquelles tout homme*

(1) Eccl., Pol., lib. 1, §. 6.

est obligé de régler ses actions. Du reste, c'est une chose plus aisée à discerner par les sens, qu'à déterminer et décider par la plus grande habileté et par le plus profond savoir.

XI. Les sociétés elles-mêmes prennent connoissance de ce point ; et prescrivent l'âge auquel on peut commencer à faire les actes d'*homme libre* : et pendant qu'on se trouve au-dessous de cet âge, elles ne requièrent nul serment, ni aucun autre acte public de cette nature, par lequel on se soumet au gouvernement du pays où l'on est.

XII. La *liberté* de l'homme, par laquelle il peut agir comme il lui plaît, est donc fondée sur l'usage de la *raison*, qui est capable de lui faire bien connoître ces loix, suivant lesquelles il doit se conduire, et l'étendue précise de la *liberté* que ces loix laissent à sa volonté. Mais le laisser dans une *liberté* entière, avant qu'il puisse se conduire par la *raison*, ce n'est pas le laisser jouir du privilège de la *nature*, c'est le mettre dans le rang des brutes, et l'abandonner même à un état pire que le leur, à un état beaucoup au-dessous de celui des bêtes. Or, c'est par cette raison que les *pères* et les *mères* acquièrent cette autorité avec laquelle ils gouvernent la minorité de leurs enfans. Dieu les a chargés du soin de ceux à qui ils ont donné la naissance, et a mis dans leur cœur une grande tendresse pour tempérer leur pouvoir, et les engager à ne s'en servir que par rapport à ce à quoi sa sagesse l'a destiné, c'est-à-dire, au bien et à l'avantage de leurs enfans, pendant qu'ils ont besoin de leur conduite et de leur secours.

XIII. Mais quelle raison peut changer ce soin, que les *pères* et les *mères* sont obligés de prendre de leurs enfans, en une *domination absolue et arbitraire du père*, dont certainement le pouvoir ne s'étend pas plus *loin*, qu'à user des moyens les plus efficaces et les plus propres, pour rendre leurs corps vigoureux et sains, et leurs esprits forts et droits, ensorte qu'ils puissent être un jour par-là plus utiles, et à eux-mêmes et aux autres; et si la condition de leur famille le requiert, travailler de leurs mains pour pourvoir à leur propre subsistance. Mais la *mère* a aussi bien sa part que le *père* à ce pouvoir.

XIV. Il appartient si peu au *père*, par quelque droit particulier de la *nature*, et il est si certain qu'il ne l'a qu'en qualité de gardien et de gouverneur de ses enfans, que lorsqu'il vient à n'avoir plus soin d'eux et à les abandonner, dans le même tems qu'il se dépouille des tendresses paternelles, il se dépouille du pouvoir qu'il avoit auparavant sur eux, qui étoit inséparablement annexé au soin qu'il prenoit de les nourrir et de les élever, et qui passe ensuite tout entier au *père nourrissier* d'un enfant exposé, et lui appartient autant, qu'appartient un semblable pouvoir au *père naturel* et véritable d'un autre. Le simple acte de génération donne, sans doute, à un homme un pouvoir bien mince sur ses enfans; si ces soins n'alloient pas plus avant, et s'il n'alléguoit point d'autre fondement du nom et de l'autorité de *père*, ce fondement ne seroit pas grand chose. Et je puis demander ici, qu'arrivera-t-il de ce pouvoir paternel, dans cette partie du monde où une femme a deux maris en même tems? ou dans ces endroits de l'*Amérique*, dans lesquelles quand le mari et la femme viennent à se séparer, ce qui arrive fréquemment, les enfans sont tous laissés à la *mère*, la suivent, et sont entièrement sous sa conduite? Que si un *père* meurt pendant que ses enfans sont jeunes et dans le bas-âge, ne sont-ils pas obligés naturellement d'obéir à leur *mère*, durant leur minorité, comme ils obéissoient à leur *père*, lorsqu'il vivoit? Et quelqu'un dira-t-il qu'une *mère* a un pouvoir législatif sur ses enfans, qu'elle peut leurs dresser et proposer des règles, qui soient d'une perpétuelle obligation, et par lesquelles elle puisse disposer de tout ce qui leur appartient, limiter leur *liberté* pendant toute leur vie, et les obliger, sur des peines corporelles, à observer ses loix, et à se conformer aveuglément à sa volonté? Car c'est-là le pouvoir propre des magistrats, duquel les *pères* n'ont que l'ombre. Le droit que les *pères* ont de commander à leurs enfans, ne subsiste qu'un certain tems, *et ne s'étend point jusqu'à leur vie et à leurs biens propres et particuliers*. Ce droit-là n'est établi, pour un tems, que pour soutenir la foiblesse du bas-âge et remédier aux imperfections de la *minorité*; c'est une discipline nécessaire pour l'éducation des enfans : et quoiqu'un *père* puisse disposer de ses propres possessions, comme il lui plaît, lorsque ses enfans sont hors de danger de mourir de faim : son pouvoir néanmoins ne s'étend point jusqu'à leur vie, ou jusqu'à leurs biens, soit que ces biens aient été acquis par leur propre industrie, ou qu'ils soient des effets de la bonté et de la libéralité de quelqu'un. Il n'a nul pouvoir aussi sur leur *liberté*, dès qu'ils sont parvenus à l'âge de discrétion. Alors l'empire des *pères* cesse; et ils ne peuvent non plus disposer de la *liberté* de leur fils, que de celle d'aucun autre homme. Et certes, il faut bien que le pouvoir, qu'on nomme *paternel*, soit bien différent d'une jurisdiction absolue et perpétuelle, puisque l'autorité divine permet de se soustraire à ce pouvoir (*). *L'homme laissera père et mère, et se joindra à sa femme.*

XV. CEPENDANT, bien que l'âge de discrétion soit le tems auquel un enfant est délivré de la sujétion où il étoit auparavant par rapport à la volonté et aux ordres de son père, lequel n'est nullement tenu lui-même de suivre la volonté de qui que ce soit; et qu'ils soient l'un et l'autre obligés à observer *les mêmes réglemens*, soient qu'ils se trouvent soumis aux seules loix de la *nature*, ou qu'ils soient soumis aux loix positives de leur pays : néanmoins cette sorte de liberté n'exempte point un fils de

---

(1) Gen. II. 24. Ephes. V. 31.

l'*honneur* que les loix de Dieu et de la *nature* l'obligent de rendre à son *père* et à sa *mère*. Dieu s'étant servi des *pères* et des *mères* comme d'instrumens propres pour accomplir son grand dessein, touchant la propagation et la conservation du genre-humain, et comme des causes occasionnelles pour donner la vie à des *enfans* ; il a véritablement imposé aux *pères* et aux *mères*, une forte obligation de nourrir, conserver et élever leurs enfans : mais aussi, il a imposé en même-tems aux *enfans*, une *obligation perpétuelle d'honorer leurs pères* et *leurs mères*, d'entretenir dans le cœur une estime et une vénération particulière pour eux, et de marquer cette vénération et cette estime par leurs paroles et leurs expressions, d'avoir un grand éloignement pour tout ce qui pourroit tant soit peu les offenser, les fâcher, nuire à leur vie, ou à leur bonheur ; de les défendre, de les assister, de les consoler, par tous les moyens possibles et légitimes. Il n'y a ni biens, ni établissemens, ni dignités, ni âge, ni *liberté* qui puisse exempter des enfans de s'acquitter de ces devoirs envers ceux de qui ils ont reçu le jour, et à qui ils ont des obligations si considérables. Mais tout cela est bien éloigné d'un droit qu'auroient les *pères* de commander, d'une manière absolue à leurs *enfans*; cela est bien éloigné d'une autorité par laquelle les pères puissent faire des loix perpétuelles par rapport à leurs enfans, et disposer, comme il leur plaira, de leur vie et de leur *liberté*. Autre chose est honorer, respecter, secourir, témoigner de la reconnoissance; autre chose, être obligé à une obéissance et à une soumission absolue. Quant à l'honneur dû aux parens, un Monarque même, et le plus grand Monarque, est obligé d'honorer sa *mère* : mais cela ne diminue rien de son autorité, et ne l'oblige point à se soumettre au gouvernement de celle de qui il a reçu la vie.

XVI. La sujétion d'un mineur établit dans le père un gouvernement d'un certain tems, qui finit avec la minorité du fils : et l'honneur auquel un *enfant* est obligé, établit dans son *père* et dans sa *mère* un droit perpétuel d'exiger du respect, de la vénération, du secours, et de la consolation, plus ou moins, selon qu'ils ont eu plus ou moins de soin de son éducation, lui ont donné plus ou moins de marque de tendresse, et ont plus ou moins dépensé pour lui. Et ce droit ne finit point avec la minorité; il subsiste tout entier et a lieu dans tous les tems et dans toutes les conditions de la vie. Faute de bien distinguer ces deux sortes de pouvoirs qu'un *père* a, l'un par le droit de tutelle durant la minorité, l'autre par le droit à cet honneur, qui lui est dû pendant toute sa vie, on est apparemment tombé dans les erreurs dans lesquelles on a été sur cette matière. Car, pour en parler proprement et selon la nature des choses, le premier est plutôt un privilège des *enfans*, et un devoir des *pères* et des *mères*, qu'une prérogative du pouvoir paternel. Les pères et les mères sont si étroitement obligés à nourrir et à élever leurs enfans, qu'il n'y a rien qui puisse les exempter de cela. Et quoique le *droit de leur commander et de les châtier* aille toujours de pair avec le soin qu'ils ont de leur nourriture et de leur éducation, Dieu a imprimé dans l'ame des pères et des mères tant de tendresse pour ceux qui sont engendrés d'eux, qu'il n'y a guère à craindre qu'ils abusent de leur pouvoir par trop de sévérité : les principes de la *nature* humaine portent plutôt les *pères* et les *mères* à un excès d'amour et de tendresse, qu'à un excès de sévérité et de rigueur. C'est pour cela que, quand Dieu veut bien faire connoître sa conduite pleine d'affection envers les *Israélites*, il leur dit que bien qu'il les ait châtiés, il ne les aime pas moins, parce *qu'il les a châtiés, comme l'homme châtie son enfant* (*), c'est-à-dire, avec affection et avec tendresse, et leur donne à entendre qu'il ne les tenoit pas sous une discipline plus sévère, que leur bien et leur avantage ne le requéroit. Or, c'est par rapport à ce pouvoir que les *enfans* sont tenus d'obéir à leurs *pères* et à leurs *mères*, afin que leurs soins et leurs travaux en puissent être moins grands et moins longs, ou afin qu'ils ne soient pas mal récompensés.

XVII. De l'autre côté, l'*honneur* et tous les *secours* que la gratitude exige des *enfans*, à cause de tant de bienfaits qu'ils ont reçus de leurs *pères* et de leurs *mères*, sont des devoirs indispensables des *enfans*, et les propres privilèges des *pères* et des *mères*. Ce dernier article tend à l'avantage des *pères* et des *mères*, comme le premier tend à l'avantage des *enfans*; quoique l'éducation, qui est le devoir des parens, semble emporter plus de pouvoir et donner plus

---

(*) Deuter. VIII. 5.

d'autorité, à cause que l'ignorance et la foiblesse de l'enfance requièrent quelque crainte, quelque correction, quelque châtiment, certains réglemens, et l'exercice d'une espèce de domination : au lieu que le devoir qui est compris dans le mot d'honneur, demande, à proportion, moins d'obéissance, et cela par rapport à l'âge plus ou moins avancé des enfans. En effet, qui est-ce qui ira s'imaginer que ce commandement : *enfans, obéissez à vos pères et à vos mères*, oblige un homme, qui a des enfans, à avoir la même soumission à l'égard de son père, qu'il oblige ses jeunes enfans à en avoir à son égard ; et que par ce précepte on est tenu d'obéir toujours et en *toutes choses à un père*, qui, parce qu'il s'imagine avoir une autorité sans bornes, aura l'indiscrétion de traiter son fils comme un valet.

XVIII. La première partie donc du pouvoir paternel, qui est au fond plutôt un *devoir* qu'un *pouvoir*, savoir l'éducation, appartient au père, ensorte qu'il finit dans un certain tems; car lorsque l'éducation est achevée, ce pouvoir cesse, et même auparavant il a dû être aliéné, puisqu'un homme peut remettre son fils en d'autres mains pour l'élever et en avoir soin ; et que celui qui met son fils en apprentissage chez un autre, le décharge par-là, pendant le tems de cet apprentissage, d'une grande partie de l'obéissance qu'il devoit, soit à lui, soit à sa *mère*. Mais pour ce qui regarde le devoir de respect, il subsiste toujours dans son entier, rien ne peut l'abolir, ni le diminuer ; et il appartient si inséparablement au *père* et à la *mère*, que l'autorité du *père* ne peut déposséder la *mère* du droit qu'elle y a, ni exempter son fils d'honorer celle qui l'a porté dans ses flancs. Mais l'un et l'autre sont bien éloignés d'avoir le pouvoir de faire des loix et de contraindre à les observer, par la crainte des peines qui regardent les biens, la liberté, les membres, la vie. Le pouvoir de commander finit avec la *minorité* : et quoique ensuite l'honneur, le respect, les consolations, les secours, la défense, tout ce que peut produire la gratitude au sujet des plus grands bienfaits qu'on peut avoir reçus, soit toujours dû à un *père* et à une *mère* ; tout cela pourtant ne met point le sceptre entre les mains d'un *père*, et ne lui donne point le pouvoir souverain de commander. Un *père* ne peut prétendre d'avoir domination sur les biens propres et sur les actions de son fils, ni d'avoir le droit de lui prescrire en toutes choses ce qu'il trouvera à propos : néanmoins, il faut qu'un *fils*, lorsque lui ou sa famille n'en reçoivent pas de choses injustes, ait de la déférence pour son *père*, et ait égard à ce qui lui est agréable.

XIX. Un homme peut honorer et respecter une personne âgée, ou d'un grand mérite ; défendre et protéger son enfant ou son ami; consoler et secourir une personne affligée ou qui est dans l'indigence ; témoigner de la gratitude à un bienfaiteur, à qui il aura des obligations infinies : cependant, tout cela ne lui confère point l'autorité ni le droit d'imposer des *loix à ces personnes*; *et il est clair que tout ce à quoi un fils est obligé*, n'est pas fondé sur le simple titre de *père*, puisqu'il est tenu de s'acquitter des mêmes devoirs envers sa *mère*, et que ses engagemens peuvent varier selon les différens soins, selon les degrés de bonté et d'affection de son *père* ou de sa *mère*, et selon la dépense qu'ils auront faite pour son éducation : il peut arriver aussi qu'un *père* et une *mère* prennent plus de soin d'un enfant que d'un autre ; et il ne faut point douter que de deux enfans, dont l'un a reçu des témoignages particuliers de ses parens, à l'exclusion de l'autre, le premier n'ait aussi plus de devoirs à remplir envers eux, et ne soit obligé à une plus grande reconnoissance.

XX. Ceci fait voir la raison pour laquelle les *pères* et les *mères*, dans les sociétés et les états, dont ils sont sujets, retiennent leurs pouvoirs sur leurs *enfans*, et ont autant de droit à leur obéissance, que ceux qui se trouvent dans l'*état de nature* : ce qui ne pourroit pas arriver si tout le *pouvoir politique* étoit purement paternel, si le *pouvoir politique* et le *pouvoir paternel* n'étoient qu'une seule et même chose. Car, alors tout le *pouvoir paternel* résidant dans le Prince, les sujets n'y pourroient naturellement avoir nulle part. C'est pourquoi, il faut reconnoître que ces deux *pouvoirs*, le *politique*, et le *paternel*, sont véritablement distincts et séparés, sont fondés sur différentes bases, et ont des fins différentes ; que chaque sujet, qui est *père*, a autant de *pouvoir paternel* sur ses enfans, que le Prince en a sur les siens ; et qu'un Prince qui a un *père* ou une *mère*, leur doit autant de respect et d'obéissance, que le moindre de ses sujets en doit aux siens.

XXI.

XXI. Quoique l'obligation où sont les *pères* et les *mères* par rapport à leurs *enfans*, et l'obligation où sont les *enfans* à l'égard de leurs *pères* et de leurs *mères*, produisent d'un côté, en général, le *pouvoir*, et de l'autre la *soumission;* néanmoins, il y a souvent dans les *pères* un certain *pouvoir* qui naît de ce qui n'a pas toujours lieu, parce que ce qui le produit ne se trouve pas toujours. Ce *pouvoir* vient de la liberté où sont les hommes de donner et laisser leurs biens à ceux à qui il leur plaît. Les biens et les possessions d'un *père* étant d'ordinaire regardés comme l'héritage de ses *enfans*, conformément aux différentes loix et aux différentes coutumes des *pays*, il peut en donner aux *uns plus ou moins* qu'aux autres, selon la conduite qu'ils auront tenue envers lui, selon le soin qu'ils auront eu de lui obéir, et de se conformer à sa volonté et à son humeur.

XXII. Ce n'est pas un petit motif pour obliger les enfans à une exacte obéissance. Et comme à la jouissance des biens qui sont dans un certain pays, est jointe la sujétion au gouvernement établi, on suppose d'ordinaire qu'un père peut obliger, même étroitement, sa postérité à se soumettre à ce gouvernement, aux loix de cet état, dont il est sujet, et que l'engagement dans lequel il est à l'égard de cet état, oblige indispensablement ses successeurs à un semblable : au lieu que cette condition n'étant nécessaire qu'à cause des terres et des biens qui sont dans l'état dont nous parlons, elle n'oblige véritablement que ceux qui veulent bien l'accepter, n'étant point un engagement naturel, mais purement volontaire. En effet, des *enfans* étant par la nature aussi *libres* que leur *père*, ou qu'aient été leurs ancêtres, peuvent, pendant qu'ils se trouvent dans cette *liberté*, choisir la société qu'il leur plaît, pour en être membres et en observer les loix. Mais s'ils veulent jouir de l'héritage de leurs ancêtres et de leurs prédécesseurs, il faut qu'ils le fassent sous les mêmes conditions sous lesquelles ils en ont joui eux-mêmes, qu'ils se soumettent aux conditions qui y sont attachés. Certainement, les *pères* ont le pouvoir d'obliger leurs *enfans* de leur obéir à cet égard, après même que le tems de leur minorité est expiré, et de se soumettre à un tel ou à un tel *pouvoir politique* : mais ni l'un ni l'autre de ces pouvoirs n'est fondé sur aucun droit de paternité, mais sur les avantages qu'ils accordent à des *enfans*, pour récompenser leur déférence ; et il n'y a pas, en cela, plus de *pouvoir naturel*, qu'en a, par exemple, un Français sur un *Anglais*, duquel, par l'espérance qu'il lui donne de lui laisser du bien, il a droit d'exiger et d'attendre de la soumission et de la complaisance ; et qui, lorsqu'il est tems, s'il veut jouir du bien qui lui a été laissé, est assurément tenu de le prendre sous les conditions annexées au lieu où il se trouve, soit en *France* ou en *Angleterre*.

XXIII. Pour conclure donc ; quoique le pouvoir qu'ont les *pères* de commander, ne s'étend point au-delà de la minorité de leurs *enfans*, et ne tende qu'à les élever et à les conduire dans leur bas-âge ; que l'honneur, le respect, tout ce que les latins appellent *piété*, et qui est dû indispensablement aux *pères* et aux *mères*, durant toute la vie, et dans toutes sortes d'états et de conditions, ne leur donne point le pouvoir du gouvernement, c'est-à-dire, le pouvoir de faire des loix, et d'établir des peines, pour obliger leurs *enfans* à les observer ; et que par-là un *père* n'a nulle domination sur les biens propres de son fils, ou sur ses actions; cependant, il est aisé de concevoir que dans les premiers tems du monde, et dans les lieux qui n'étoient guère peuplés, des familles venant à se séparer et à occuper des terres inhabitées, un père devenoit le prince de sa famille (*),

---

(*) « L'opinion du prince des Philosophes est assez probable que le chef de chaque famille en étoit le *Roi*. Ainsi, lorsqu'un certain nombre de familles se joignirent, pour composer un corps de société civile, les *Rois* étoient la première sorte des gouverneurs parmi elles ; et il semble que c'est la raison pourquoi ils ont toujours retenu le nom de *pères*, car on avoit coutume de choisir les *pères* pour gouverner, ça été aussi une fort ancienne coutume, ainsi qu'on voit en la personne de *Melchisedec*, que ces *Rois* et ces gouverneurs exerçassent la charge de *prêtre* et de *sacrificateur*, que les *pères* exercèrent peut-être au commencement et pour le même sujet. Quoi qu'il en soit, ce ne fut pas la seule sorte de gouvernement qui fut reçue dans le monde : les inconvéniens d'une sorte de gouvernement obligèrent ceux qui en étoient membres, de se diviser, de le changer, et d'en former d'autres. En un mot, tous les gouvernemens publics, de quelque nature qu'ils aient été, semblent évidemment avoir été formés de l'avis de chacun, par délibération, par consultation, par accord, et après qu'on avoit jugé qu'ils étoient utiles et nécessaires ; quoiqu'il ne fût pas impossible, à considérer la nature

et le gouverneur de ses *enfans*, dans leurs premières années, et aussi après qu'ils étoient parvenus à l'âge de discrétion. En effet, il leur auroit été assez difficile de vivre ensemble, sans quelque espèce de gouvernement ; et il y a apparence que le gouvernement du *père* fut établi par un consentement exprès ou tacite des *enfans*, et qu'il continua ensuite sans interruption, par le même consentement. Et certes, il ne pouvoit y avoir alors rien de plus expédient qu'un gouvernement par lequel un *père* exerçât seul dans sa famille le pouvoir exécutif des *loix de la nature*, que chaque homme *libre* a naturellement, et que par la permission qui lui en avoit été donnée, il eût un *pouvoir monarchique*. Mais cela, comme on voit, n'étoit point fondé sur aucun *droit paternel*, mais simplement sur le consentement des *enfans*. Pour en être tout-à-fait convaincus, supposons qu'un étranger, par hasard, ou pour affaires, soit venu alors chez un *père de famille*, et y ait tué un de ses *enfans*, ou ait com-

---

» en elle-même, que des hommes pussent vivre sans
» aucun gouvernement public. *Hooker, Eccl. lib.* 1,
» §. 10 ».

mis quelque autre crime. Qui doute que ce *père de famille* n'eût pu condamner cet étranger, et le faire mourir, ou lui infliger quelque autre peine, conformément au cas, aussi bien qu'auroit pu faire aucun de ses *enfans* ? Or, il est clair qu'il auroit été impossible qu'il en eût usé de la sorte, par la vertu de quelque autorité *paternelle*, sur un homme qui n'étoit point son fils ; il n'auroit pu le faire qu'en vertu du pouvoir exécutif des *loix de la nature*, auquel, en qualité d'homme, il avoit droit : et parce que l'exercice de ce pouvoir lui avoit été remis entre les mains par le respect de ses *enfans*, lui seul pouvoit punir un tel homme dans sa famille, laquelle avoit bien voulu faire résider en sa personne toute l'autorité et toute la dignité du pouvoir exécutif.

XXIV. Il étoit aisé et presque naturel aux *enfans*, de revêtir leur *père* de l'autorité du gouvernement, par un consentement tacite. Ils avoient été accoutumés, dans leur enfance, à se laisser conduire par lui, et à porter devant lui leurs petits différends : quand ils furent devenus des hommes faits, qui pouvoit être plus propre que leur *père* pour les gouverner ? Leurs petits biens, et le peu de lieu qu'il y avoit en ce tems-là à l'avarice, ne pouvoit que rarement produire des disputes; et lorsqu'il s'en élevoit quelqu'une, qui étoit plus propre à les terminer que celui par les soins duquel ils avoient été nourris et élevés, que celui qui avoit tant de tendresse pour eux tous? Il ne faut donc pas s'étonner si l'on ne distingua pas alors entre minorité et âge parfait; si l'on n'examinoit point si quelqu'un avoit vingt ans, s'il étoit dans un âge où il pût disposer librement de sa personne et de ses biens, puisqu'en ce tems-là on ne pouvoit desirer de sortir de tutelle. Le gouvernement auquel on étoit soumis, continuoit toujours, à la satisfaction de chacun, et étoit *plutôt une protection et une sauve-garde qu'un frein et une sujétion*, et les *enfans* n'auroient pu trouver une plus grande sûreté pour *leur paix*, pour leurs *libertés*, pour leurs biens, que dans la conduite et le gouvernement de leur *père*.

XXV. C'est pourquoi les pères, par un changement insensible, devinrent les monarques politiques de leurs familles: et comme ils vivoient long-tems et laissoient des héritiers capables, et dignes de leur succéder, ils jetèrent ainsi insensiblement les fondemens de royaumes héréditaires ou électifs, qui pouvoient être réglés par diverses constitutions, et par diverses loix, que le hasard, les conjonctures et les occasions obligeoient de faire. Mais si les Princes veulent fonder leur autorité sur le droit des *pères*, et que ce soit une preuve suffisante du droit naturel des *pères* à l'*autorité politique*, parce que ce sont eux, entre les les mains de qui nous trouvons au commencement, *de facto*, l'exercice du gouvernement; je dis que si l'argument est bon, il prouve de même, et aussi fortement, que tous les Princes, même les Princes seuls, doivent être *Prêtres* et *Ecclésiastiques*, puisqu'il est certain que dans le commencement, les *pères*, et les *pères* seuls, étoient sacrificateurs dans leurs familles, tout de même qu'ils en étoient les gouverneurs, et les seuls gouverneurs.

CHAPITRE VI.

De la Société Politique ou Civile.

Ier. DIEU ayant fait l'homme une certaine créature, à qui, selon le jugement que ce sage Créateur en avoit porté lui-même, *il n'étoit pas bon d'être seul*, il l'a mis dans l'obligation, la nécessité et la convenance qu'il lui a inspirée, avec le desir de se joindre en société. La première société a été celle de l'homme et de la femme; et elle a donné lieu à une autre qui a été entre le *père*, la *mère* et les *enfans*. A ces deux sortes de sociétés s'en est jointe une troisième, avec le tems, savoir celle des *maîtres* et des *serviteurs*. Quoique ces trois sortes de sociétés se soient rencontrées ordinairement ensemble dans une même famille, dans laquelle le maître ou la maîtresse avoit quelque espèce de gouvernement, et le droit de *faire des loix propres et particulières* à une telle famille. Chacune de ces sociétés-là, ou toutes ensemble, étoient différentes de ce que nous appelons aujourd'hui *sociétés politiques*, ainsi que nous en serons convaincus, si nous considérons les différentes fins, et les différentes obligations de chacune d'elles.

II. La société conjugale a été formée, par un accord volontaire, entre l'homme et la femme; et bien qu'elle consiste particulièrement dans le droit que l'un a sur le corps de l'autre, par rapport à la fin principale et la plus nécessaire, qui est de procréer des enfans, elle ne laisse pas d'emporter avec soi, et d'exiger une complaisance et une assistance mutuelle, et une communauté d'intérêts nécessaire, non-seulement pour engager les mariés à se secourir et à s'aimer l'un l'autre, mais aussi pour les porter à prendre soin de leurs *enfans*, qu'ils sont obligés de nourrir et d'élever, jusqu'à ce qu'ils soient en état de s'entretenir et de se conduire eux-mêmes.

III. Car la fin de la société, entre le mâle et la femelle, n'étant pas simplement de procréer, mais de continuer l'espèce; cette société doit durer du moins, même après la procréation, aussi long-tems qu'il est nécessaire pour la nourriture et la conservation des procréés, c'est-à-dire, *jusqu'à ce qu'ils soient capables de pourvoir eux-mêmes à leurs besoins*. Cette règle, que la sagesse infinie du Créateur a établie sur les œuvres de ses mains, nous voyons que les créatures inférieures à l'homme l'observent constamment et avec exactitude. Dans ces animaux qui vivent d'herbe, la société entre le mâle et la femelle ne dure pas plus long-tems que chaque acte de copulation, parce que les mamelles de la *mère* étant suffisantes pour nourrir les petits, jusqu'à ce qu'ils soient capables de se nourrir d'herbe, le mâle se contente d'engendrer, et il ne se mêle plus, après cela, de la femelle, ni des petits, à la subsistance desquels il ne peut rien contribuer. Mais à l'égard des bêtes de proie, la société dure plus long-tems, à cause que la mère ne pouvant pas bien pourvoir à sa subsistance propre, et nourrir en même tems ses petits par sa seule proie, qui est une voie de se nourrir, et plus laborieuse et plus dangereuse que n'est celle de se nourrir d'herbe, l'assistance du mâle est tout-à-fait nécessaire pour le maintien de leur commune *famille, si l'on peut user de ce terme*, laquelle, jusqu'à ce qu'elle puisse aller chercher quelque proie, ne sauroit subsister que par les soins du mâle et de la femelle. On remarque la même conduite dans tous les oiseaux, si on excepte quelques oiseaux domestiques, qui se trouvent dans des lieux où la continuelle abondance de nourriture exempte le mâle du soin de nourrir les petits : on voit que pendant que les petits, dans leurs nids, ont besoin d'alimens, le mâle et la femelle y en portent, jusqu'à ce que ces petits là puissent voler et pourvoir à leur propre subsistance.

IV. Et en cela, à mon avis, consiste la principale, si ce n'est la seule raison, pour laquelle le mâle et la femelle, dans le genre-humain, sont obligés à une société plus longue que n'entretiennent les autres créatures. Cette raison est, que la femme est capable de concevoir, et est, *de facto*, pour l'ordinaire, de rechef enceinte et accouche long-tems avant que l'enfant qu'elle a déjà, soit en état de se passer du secours de ses parens, et puisse lui-même pourvoir à ses besoins. Ainsi, un *père* étant obligé de prendre soin de ceux qu'il a engendrés, et de prendre ce soin-là pendant long-tems, il est aussi dans l'obligation de continuer à vivre dans la société conjugale, avec la *même femme*, de qui il les a eus, et de demeurer dans cette société beaucoup plus long-tems que les autres créatures, dont les petits pouvant subsister d'eux-mêmes avant que le tems d'une nouvelle procréation vienne, le lien du mâle et de la femelle se rompt de lui-même, et l'un et l'autre se trouvent en une pleine *liberté*; jusqu'à ce que cette saison, qui a coutume de solliciter les animaux à se joindre ensemble, les oblige à se choisir de nouvelles compagnes. Et ici, on ne sauroit admirer assez la sagesse du grand créateur, qui ayant donné à l'homme des qualités propres pour pourvoir à l'avenir, aussi bien que pour pourvoir au présent, a voulu et a fait ensorte que la société de l'homme et de la femme durât beaucoup plus long-tems que celle du mâle et de la femelle parmi les autres créatures ; afin que par-là l'industrie de l'*homme* et de la *femme* fût plus excitée, et que leurs intérêts fussent mieux unis, dans la vue de faire des provisions pour leurs enfans, et de leur laisser du bien : rien ne pouvant être plus préjudiciable à des enfans qu'une conjonction incertaine et vague, *ou une dissolution facile et fréquente de la société conjugale*.

V. Ce sont-là certainement les fondemens de l'*union conjugale*, qui est infiniment plus ferme et plus durable parmi les hommes, que parmi les autres espèces d'animaux. Cependant, cela ne laisse pas de donner occasion de demander, pourquoi le contrat de mariage, après que les enfans ont été procréés et élevés, et qu'on a eu soin de leur laisser un bon héritage, ne peut être déterminé de sorte que le mari et la femme puissent disposer d'eux comme il leur plaira, par accord, pour un certain tems, ou sous de certaines conditions, conformément à ce qui se pratique dans tous les autres contrats et traités volontaires. Il semble qu'il n'y a pas une absolue nécessité, dans la nature de la chose, ni eu égard à ses fins, que le contrat de mariage doive avoir lieu durant toute la vie. J'entends parler du mariage de ceux qui ne sont soumis à aucunes loix positives, qui ordonnent que les contrats de mariage soient perpétuels.

VI. LE mari et *la* femme, qui n'ont au fonds que les mêmes intérêts, ont pourtant quelquefois des esprits si différens, des inclinations et des humeurs si opposées, qu'il est nécessaire qu'*il se* trouve alors quelque dernière détermination, quelque règle qui remédie à cet inconvénient-là, et que le droit de gouverner et de décider soit placé quelque part, ce droit est naturellement le partage du mari, la nature le lui donne comme au plus capable et au plus fort. Mais cela ne s'étendant qu'aux choses qui appartiennent en commun au *mari* et à la *femme*, laisse la femme dans une pleine et réelle possession, de ce qui, par le contrat, est reconnu son droit particulier, et du moins ne donne pas plus de pouvoir au mari sur la femme, que la femme en a sur sa vie. Le pouvoir du mari est si éloigné du pouvoir d'un monarque absolu, que la femme a, en plusieurs cas, la liberté de se séparer de lui, lorsque le *droit naturel*, ou leur contrat le lui permettent, soit que ce contrat ait été fait par eux-mêmes, dans l'*état de nature*, soit qu'il ait été fait selon les coutumes et les loix du pays où ils vivent; et alors les *enfans*, dans la séparation, échoient au père ou à la mère, comme ce contrat le détermine.

VII. Car toutes les fins du mariage devant être considérées, et avoir leur effet, sous un gouvernement politique, aussi bien que dans l'*état de nature*, le Magistrat civil ne diminue point le droit ou le pouvoir du mari, ou de la femme, naturellement nécessaire pour ces fins, qui sont de procréer des enfans, de se supporter, et de s'assister mutuellement pendant qu'ils vivent ensemble. Tout ce que le Magistrat fait, c'est qu'il termine les différends qui peuvent s'élever entre eux à l'égard de ces choses-là. S'il en arrivoit autrement, si la souveraineté absolue, et le pouvoir de vie et de mort, appartenoit naturellement au mari, et n'étoit nécessaire à la société de l'homme et de la femme, il ne pourroit y avoir de mariage en aucun de ces pays, où il n'est point permis aux maris d'avoir et d'exercer une telle autorité, et un tel pouvoir absolu ; mais les fins du mariage, ne requérant point un tel pouvoir dans les maris, il est clair qu'il ne leur est nullement nécessaire ; la condition de la société conjugale ne l'établit point, mais bien tout ce qui peut s'accorder avec la procréation et l'éducation des *enfans*, que les parens sont absolument obligés de nourrir et d'élever, jusqu'à ce qu'ils puissent pourvoir à leurs besoins et se secourir eux-mêmes. Pour ce qui regarde l'assistance, la défense, les consolations réciproques, elles peuvent varier, et être réglées par ce contrat qui a uni d'abord les mariés, et les a mis en société ; rien n'étant nécessaire à une société, que par rapport aux fins pour lesquelles elle a été faite.

VIII. Dans le chapitre précédent, j'ai traité assez au long de *la société qui est entre les pères et mères, et les enfans*, et des droits et des pouvoirs distincts et divers qui leur appartiennent respectivement : c'est pourquoi il n'est pas nécessaire que j'en parle ici. Il suffit de reconnoître combien

bien cette société est différente d'une société politique.

IX. Les noms de *maîtres* et de *serviteurs* sont aussi anciens que l'histoire, et ne sont donnés qu'à ceux qui sont de condition fort différente. Car un *homme* libre se rend serviteur et valet d'un autre, en lui vendant, pour un certain tems, son service, moyennant un certain salaire. Or, quoique cela le mette communément dans la famille de son *maître*, et l'oblige à se soumettre à sa discipline et aux occupations de sa maison, il ne donne pourtant de pouvoir au *maître* sur son *serviteur* ou son valet, que pendant quelque tems, que pendant le tems qui est contenu et marqué dans le contrat ou le traité fait entr'eux. Mais il y a une autre sorte de *serviteurs*, que nous appelons, d'un nom particulier, *esclaves*, et qui ayant été faits prisonniers dans une juste guerre, sont, par le *droit de la nature*, sujets à la domination absolue et au pouvoir arbitraire de leurs *maîtres*. Ces gens-là ayant mérité de perdre la vie (1), à laquelle

---

(1) « *C'est ce que nie, avec raison, l'Auteur de
» l'Esprit des Loix. Liv. XV*, c. 2. Il est faux,
» *dit-il*, qu'il soit permis de tuer, dans la guerre,

ils n'ont plus de droit par conséquent, non plus aussi qu'à leur *liberté*, ni à leurs biens, et se trouvant dans l'état d'*esclavage*, qui est incompatible avec la jouissance d'aucun bien propre, ils ne sauroient être considérés, en cet état, comme membres de la *société civile* (1) dont la fin principale est de conserver et maintenir les biens propres.

X. Considérons donc le *maître* d'une famille avec toutes ces relations subordonnées de *femme*, d'*enfans*, de *serviteurs* et d'*esclaves*, unis et assemblés sous un même gouvernement domestique. Quelque ressemblance que cette famille puisse avoir, dans son ordre, dans ses offices, dans son

---

» que dans un cas de nécessité, mais dès qu'un homme
» en a fait un autre prisonnier, on ne peut pas dire
» qu'il ait été dans la nécessité de le tuer, puisqu'il
» ne l'a pas fait. Tout le droit que la guerre peut
» donner sur les captifs, est de s'assurer tellement de
» leur personne, qu'ils ne puissent plus nuire. Les
» homicides faits de sang-froid par les soldats, et
» après la chaleur de l'action, sont rejetés de toutes
» les nations du monde ».

(1) Donc, dit le même Auteur, *l. c.*, *il n'y a pas de loi civile qui puisse empêcher un esclave de fuir; lui qui n'est pas dans la société, et que par conséquent aucune loi civile ne concerne.*

nombre, avec un petit état ; il est certain, pourtant qu'elle en est fort différente, soit, dans sa constitution, soit dans son pouvoir, soit dans sa fin : ou si elle peut être regardée comme une *Monarchie*, et que le père de famille y soit un *Monarque absolu*, la Monarchie absolue a un pouvoir bien resserré et bien petit : puisqu'il est manifeste, par tout ce qui a été dit auparavant, que le maître d'une famille a sur ces diverses personnes qui la composent, des pouvoirs distincts, des pouvoirs limités différemment, soit à l'égard du tems, soit à l'égard de l'étendue. Car, si l'on excepte les *esclaves*, lesquels après tout ne contribuent en rien à l'essentiel d'une famille, le *maître*, dont nous parlons, n'a point un pouvoir législatif sur la vie ou sur la mort d'aucun de ceux qui composent sa famille ; et la *maîtresse* en a autant que lui. Et certainement, un *père de famille* ne sauroit avoir un pouvoir absolu sur toute sa famille, vu qu'il n'a qu'un pouvoir limité sur chacun de ceux qui en sont membres. Nous verrons mieux comment une famille, ou quelqu'autre semblable société d'hommes diffère de ce qui s'appelle proprement *société politique*, en considérant en quoi une *société politique* consiste elle-même.

XI. Les hommes étant nés tous également, ainsi qu'il a été prouvé, dans une *liberté* parfaite, et avec le droit de jouir paisiblement et sans contradiction, de tous les droits et de tous les priviléges des *loix de la nature*; chacun a, par la *nature*, le pouvoir, non-seulement de conserver ses biens propres, c'est-à-dire, sa vie, sa *liberté* et ses richesses, contre toutes les entreprises, toutes les injures et tous les attentats des autres; mais encore de juger et de punir ceux qui violent les *loix de la nature*, selon qu'il croit que l'offense le mérite, de punir même de mort, lorsqu'il s'agit de quelque crime énorme, qu'il pense mériter la mort. Or, parce qu'il ne peut y avoir de *société politique*, et qu'une telle société ne peut subsister, si elle n'a en soi le pouvoir de conserver ce qui lui appartient en propre, et, pour cela, de punir les fautes de ses membres; là seulement se trouve une *société politique*, où *chacun des membres s'est dépouillé de son pouvoir naturel, et l'a remis entre les mains de la société, afin qu'elle en dispose dans toutes sortes de causes, qui n'empêchent point d'appeler toujours aux loix établies par elle.* Par ce moyen, tout jugement des particuliers étant exclus, la *société* acquiert le droit de souveraineté ; et certaines loix étant établies, et certains hommes autorisés par la communauté pour les faire exécuter, ils terminent tous les différends qui peuvent arriver entre les membres de cette *société*-là, touchant quelque matière de droit, et punissent les fautes que quelque membre aura commises contre la *société* en général, ou contre quelqu'un de son corps, conformément aux peines marquées par les loix. Et par-là il est aisé de discerner ceux qui sont ou qui ne sont pas ensemble en *société politique*. Ceux qui composent un seul et même corps, qui ont des loix communes établies et des juges auxquels ils peuvent appeler, et qui ont l'autorité de terminer les disputes et les procès, qui peuvent être parmi eux et de punir ceux qui font tort aux autres et commettent quelque crime : ceux-là sont en *société civile* les uns avec les autres ; mais ceux qui ne peuvent appeler de même à aucun tribunal sur la terre, ni à aucunes *loix positives*, sont toujours dans l'*état de nature* ; chacun, où il n'y a point d'autre juge, étant juge et exécuteur pour soi-même, ce qui est, comme je l'ai montré auparavant, le véritable et parfait *état de nature*.

XII. Une *société* vient donc, par les voies que nous venons de marquer, à avoir le pouvoir de régler quelles sortes de punitions sont dues aux diverses offenses et aux divers crimes, qui peuvent se commettre contre ses membres, ce qui est le pouvoir *législatif :* comme elle acquiert de même par-là le pouvoir de punir les injures faites à quelqu'un de ses membres par quelque personne qui n'en est point ; ce qui est le *droit de la guerre et de la paix*. Tout cela ne tend qu'à conserver, autant qu'il est possible, ce qui appartient en propre aux membres de cette *société*. Mais quoique chacun de ceux qui sont entrés en société ait abandonné le pouvoir qu'il avoit de punir les infractions des *loix de la nature*, et de juger lui-même des cas qui pouvoient se présenter, il faut remarquer néanmoins qu'avec le droit de juger des offenses, qu'il a remis à l'*autorité législative*, pour toutes les causes dans lesquelles il peut appeler au Magistrat, il a remis en même-tems à la *société* le droit d'employer toute sa force pour l'exécution des jugemens de la *société*, toutes les fois que la nécessité le requerra : en sorte que ces jugemens sont au fonds ses propres jugemens, puisqu'ils sont faits par lui-même ou par ceux qui le représente. Et ici nous voyons la vraie origine du *pouvoir législatif* et *exécutif* de la *société civile*, lequel consiste à juger par des loix établies et constantes, de quelle manière les offenses, commises dans la *société*, doivent être punies; et aussi, par des jugemens occasionnels fondés sur les présentes circonstances du fait, de quelle manière doivent être punies les injures de dehors, et à l'égard des unes et des autres, à employer toutes les forces de tous les membres, lorsqu'il est nécessaire.

XIII. C'est pourquoi, par-tout où il y a un certain nombre de gens unis de telle sorte en société, que chacun d'eux ait renoncé à son *pouvoir exécutif des loix de la nature* et l'ait remis au public, là et là seulement, se trouve une *société politique* ou *civile*. Et au nombre des membres d'une telle société, doivent être mises non-seulement ces diverses personnes, qui, étant dans *l'état de nature*, ont voulu entrer en société, pour composer un peuple et un *corps politique*, sous un gouvernement souverain, mais aussi tous ceux qui se sont joints ensuite à ces gens-là, qui se sont incorporés à la même *société*, qui se sont soumis à un gouvernement déjà établi. Car de cette manière ils autorisent la *société* dans laquelle ils entrent volontairement, confirment le pouvoir qu'y ont les Magistrats et les Princes de faire des loix, selon que le bien public le requiert, et s'engagent encore à joindre leur secours à celui des autres s'il est nécessaire, pour la sûreté des loix et l'exécution des jugemens, qu'ils doivent regarder comme leurs jugemens et leurs arrêts propres. Les hommes donc sortent de l'*état de nature*, et entrent dans une *société politique*, lorsqu'ils créent et établissent des Juges et des Souverains sur la terre, à qui ils communiquent l'autorité de terminer tous les différends, et de punir toutes les injures qui peuvent être faites à quelqu'un des membres de la société ; et par-tout où l'on voit un certain nombre d'hommes, de quelque manière d'ailleurs qu'ils se soient associés, parmi lesquels ne se trouve pas un tel pouvoir décisif, auquel on puisse appeler, on doit regarder l'état où ils sont, comme étant toujours l'*état de nature*.

XIV. Il paroît évidemment, par tout ce qu'on vient de lire, que la *monarchie absolue*, qui semble être considérée par quelques-uns comme le seul gouvernement qui doive avoir lieu dans le monde, est, à vrai dire, incompatible avec la *socité civile*, et ne peut nullement être réputée une forme de *gouvernement civil*. Car la fin de la *société civile* étant de remédier aux inconvéniens qui se trouvent dans l'*état de nature*, et qui naissent de la *liberté* où chacun est, d'être juge dans sa propre cause ; et dans cette vue, d'établir une certaine autorité publique et approuvée, à laquelle chaque membre de la *société* puisse appeler et avoir recours, pour des injures reçues, ou pour des disputes et des procès qui peuvent s'élever, et être obligés d'obéir ; par-tout où il y a des gens qui ne peuvent point appeler et avoir recours à une autorité de cette sorte, et faire terminer par elle leurs différends (1),

_____

(1) « Le *pouvoir public* de toute société s'étend
» sur chaque personne qui est contenue dans une so-
» ciété : et le principal usage de ce pouvoir, est de
» faire des loix pour tous ceux qui y sont soumis,
» auxquelles, en tel cas, ils doivent obéir ; à moins
» qu'il ne se présente quelque raison qui force néces-

ces gens-là sont assurément toujours dans *l'état de nature*, aussi bien que tout *Prince absolu* y est, à l'égard de ceux qui sont sous sa domination.

XV. EN effet, ce *Prince absolu*, que nous supposons, s'attribuant à lui seul, tant le *pouvoir législatif*, que le *pouvoir exécutif*, on ne sauroit trouver parmi ceux, sur qui il exerce son pouvoir, un Juge à qui l'on puisse appeler, comme à un homme qui soit capable de décider et régler toutes choses librement, sans prendre parti et avec autorité, et de qui l'on puisse espérer de la consolation et quelque réparation, au sujet de quelqu'injure ou de quelque dommage qu'on aura reçu, soit de lui-même, ou par son ordre. Tellement qu'un tel homme, quoiqu'il s'appelle *Czar* ou *Sultan*, où de quelqu'autre manière qu'on voudra, est aussi bien dans l'*état de nature* avec tous ceux qui sont sous sa domination, qu'il l'y est avec tout le reste du genre-humain. Car, par-tout où il y a des gens qui n'ont point de réglemens stables, et quelque

---

» sairement de ne le pas faire, c'est-à-dire, à moins
» que les loix de la raison, ou de Dieu, n'enjoignent
» le contraire. *Hooker*, *Eccl. Pol.*, *lib.* 1, §. 16 ».

commun Juge, auquel ils puissent appeler sur la terre, pour la décision des disputes de droit qui sont capables de s'élever entre eux, on y est toujours dans l'*état de nature* (1), et exposé à tous les inconveniens

---

(1) « Pour éloigner toutes ces fâcheries mutuelles,
» toutes ces injures, toutes ces injustices, *savoir*
» *celles qui sont à craindre dans l'*état de nature, il
» n'y avoit qu'un moyen à pratiquer, qui étoit d'en
» venir à un accord entre eux, par lequel ils for-
» massent quelque sorte de gouvernement public,
» et s'y soumissent : ensorte que sous ceux à qui ils
» auroient commis l'autorité du gouvernement, ils
» pussent voir fleurir la paix, la tranquillité, et toutes
» les autres choses qui peuvent rendre heureux. Les
» hommes ont toujours reconnu que lorsqu'on usoit de
» violence envers eux, et qu'on leur faisoit tort, ils
» pouvoient se défendre eux-mêmes; que chacun peut
» chercher sa propre commodité, mais que si en la
» cherchant on faisoit tort à autrui, cela ne devoit
» point être souffert; et que tout le monde devoit s'y
» opposer, par les meilleurs moyens; et qu'enfin,
» personne ne pouvoit raisonnablement entreprendre
» de déterminer son propre droit; et conformément à sa
» détermination et à sa décision, de passer ensuite à le
» maintenir : à cause que chacun est partial et envers
» soi, et envers ceux pour qui il a de l'affection, et
» que par conséquent les désordres ne finiroient point,
» si l'on ne donnoit, d'un commun consentement,
» l'autorité et le pouvoir de décider et de régler tout,

qui l'accompagnent, avec cette seule et malheureuse différence qu'on y est sujet, ou plutôt esclave d'un Prince absolu : au lieu que dans *l'état ordinaire de nature*, chacun a la liberté de juger de son propre droit, de le maintenir et de le défendre autant qu'il peut. Mais toutes les fois que les biens propres d'un homme seront envahis par la volonté ou l'ordre de son Monarque, non-seulement il n'a personne à qui il puisse appeler, et ne peut avoir recours à une autorité publique, comme doivent avoir la liberté de faire ceux qui sont dans une société; mais comme s'il étoit dégradé de l'état commun de créature raisonnable, il n'a pas la liberté et la permission de juger de son droit et de le soutenir : et par-là, il est exposé à toutes les misères et à tous les inconvéniens, qu'on a sujet de craindre et d'attendre d'un homme, qui étant dans un *état de nature*, où il se croit tout permis, et où rien ne peut s'opposer à lui, est de plus corrompu par la flatterie, et armé d'un grand pouvoir.

» à quelques-uns qu'on choisiroit ; personne n'étant
» en droit, sans le consentement dont nous parlons,
» de s'ériger en seigneur et en juge d'aucun autre.
» *Hooker, Eccl. Pol., lib.* 1, §. 10 ».

XVI. Car si quelqu'un s'imagine que le *pouvoir absolu purifie le sang des hommes, et élève la nature humaine*, il n'a qu'à lire l'histoire de ce siècle ou de quelqu'autre, pour être convaincu du contraire. Un homme, qui, dans les déserts de l'*Amérique*, seroit insolent et dangereux, ne deviendroit point sans doute meilleur sur le trône, sur-tout lorsque le savoir et la religion seroient employés pour justifier tout ce qu'il feroit à ses sujets, et que l'épée et le glaive imposeroient d'abord la nécessité du silence à ceux qui oseroient y trouver à redire. Après tout, quelle espèce de protection est celle d'un Monarque absolu ? Quelle sorte de *père de la patrie* est un tel Prince ? Quel bonheur, quelle sûreté en revient à la société civile, lorsqu'un gouvernement, comme celui dont il s'agit, a été amené à sa perfection, nous le pouvons voir dans la dernière relation de *Ceylan* ?

XVII. A la vérité, dans les *monarchies absolues*, aussi bien que dans les autres formes de gouvernemens, les sujets ont des loix pour y appeler, et des Juges pour faire terminer leurs différends et leurs procès, et réprimer la violence que les uns peuvent faire aux autres. Certainement, il n'y a personne qui ne pense que cela est nécessaire, et qui ne croie que celui qui voudroit entreprendre de l'abolir, mériteroit d'être regardé comme un ennemi déclaré de la société et du genre-humain. On peut raisonnablement douter que cet usage établi ne vienne d'une véritable affection pour le genre-humain et pour la société, et soit un effet de cette charité que nous sommes tous obligés d'avoir les uns pour les autres ; cependant, il ne se pratique rien en cela, que ce que ceux qui aiment leur pouvoir, leur profit et leur agrandissement, peuvent et doivent naturellement laisser pratiquer, qui est d'empêcher que ces animaux, dont le travail et le service sont destinés aux plaisirs de leurs maîtres et à leur avantage, ne se fassent du mal les uns aux autres, et ne se détruisent. Si leurs maîtres en usent de la sorte, s'ils prennent soin d'eux, ce n'est par aucune amitié, c'est seulement à cause du profit qu'ils en retirent. Que si l'on se hasardoit à demander, ce qui n'a garde d'arriver souvent, quelle sûreté et quelle sauve-garde se trouve dans un tel état et dans un tel gouvernement, contre la violence et l'oppression du gouverneur absolu ? On recevroit bientôt cette réponse, qu'*une seule demande de cette nature mérite la mort.* Les Monarques absolus, et les défenseurs du pouvoir arbitraire, avouent bien qu'entre sujets et sujets, il faut qu'il y ait de certaines règles, des loix et des Juges pour leur paix et leur sûreté mutuelle; mais ils soutiennent qu'un homme qui a le gouvernement entre ses mains, doit être absolu et au-dessus de toutes les circonstances et des raisonnemens d'autrui; qu'il a le pouvoir de faire le tort et les injustices qu'il lui plaît, et que ce qu'on appelle communément tort et injustice, devient juste, lorsqu'il le pratique. Demander alors comment on peut être à l'abri du dommage, des injures, des injustices qui peuvent être faites à quelqu'un par celui qui est le plus fort; ah ! ce n'est pas moins d'abord, que la voix de la *faction* et de la *rebellion.* Comme si lorsque les hommes quittant l'*état de nature*, pour entrer en société, convenoient que tous, hors un seul, seroient soumis exactement et rigoureusement aux loix; et que ce seul privilégié retiendroit toujours toute la liberté de l'*état de nature*, augmentée et accrue par le pouvoir, et devenue licencieuse par l'impunité. Ce seroit assurément s'imaginer que les hommes sont assez fous pour prendre grand soin de remédier aux maux que pourroient leur faire des fouines et des renards, et pour être bien aises, et croire même qu'il seroit fort doux pour eux d'être dévorés par des lions.

XVIII. QUOIQUE les flatteurs puissent dire, pour amuser les esprits du peuple, les hommes ne laisseront pas de sentir toujours les inconvéniens qui naissent du *pouvoir absolu*. Lorsqu'ils viendront à appercevoir qu'un homme, quel que soit son rang, *est hors des engagemens de la société civile*, dans lesquels ils sont, et qu'il n'y a point d'appel pour eux *sur la terre*, contre les dommages et les maux qu'ils peuvent recevoir de lui, ils seront fort disposés à se croire dans l'*état de nature*, à l'égard de celui qu'ils verront y être, et à tâcher, dès qu'il leur sera possible, de se procurer quelque sûreté et quelque protection efficace dans la *société civile*, qui n'a été formée, du commencement, que pour cette protection et cette sûreté ; et ceux qui en sont membres, n'ayant consenti d'y entrer que dans la vue d'être à couvert de toute injustice, et de vivre heureusement. Et quoiqu'au commencement (ainsi que je le montrerai plus au long dans la suite de ce Traité),

quelque

quelque vertueux et excellent personnage ayant acquis, par son mérite, une certaine prééminence sur le reste des gens qui étoient dans le même lieu que lui, ceux-ci aient bien voulu récompenser, d'une grande déférence, ses vertus et ses talens extraordinaires, comme étant une espèce d'autorité naturelle, et aient remis entre ses mains, d'un commun accord, le gouvernement et l'arbitrage de leurs différends, sans prendre d'autre précaution, que celle de se confier entièrement en sa droiture et en sa sagesse; néanmoins, lorsque le tems eut donné de l'autorité, et, comme quelques-uns veulent nous le persuader, eut rendu sacrée et inviolable cette coutume, que la négligente et peu prévoyante innocence a fait naître; et a laissé parvenir à des tems différens, et à des successeurs d'une autre trempe, le peuple a trouvé que ce qui lui appartient en propre, n'étoit pas en sûreté et hors d'atteinte, sous le gouvernement dans lequel il vivoit, comme il devroit être, puisqu'il n'y avoit point d'autre fin d'un gouvernement, que de conserver ce qui appartient à chacun (1) : alors il n'a pu se croire

_____

(1) « Dans le commencement, lorsque quelque

en sûreté, ni être en repos, ni se regarder comme étant en *société civile*, jusqu'à ce que l'*autorité législative* ait été placée en un *corps collectif* de gens, qu'on appelera *Sénat*, *Parlement*, ou de quelqu'autre manière qu'on voudra, et par le moyen duquel chacun, sans excepter le premier et le principal de la *société*, devienne sujet à ces loix, que lui-même, comme étant une partie de l'*autorité législative*, a établies, et jusqu'à ce qu'il ait été résolu, que qui que ce soit ne pourra, par sa propre autorité, diminuer la force des loix, quand une fois elles auront été faites, ni sous

---

» sorte de gouvernement fut formée, il peut être arrivé
» qu'on n'ait fait autre chose, que de remettre tout à
» la sagesse et à la discrétion de ceux qui étoient choisis
» pour gouverneurs. Mais ensuite, par l'expérience,
» les hommes ont reconnu que ce gouvernement, au-
» quel ils se trouvoient soumis, étoit sujet à toutes
» sortes d'inconvéniens, et que ce qu'ils avoient établi
» pour remédier à leurs maux, ne faisoit que les aug-
» menter; et on dit que *vivre selon la volonté d'un*
» *seul homme, c'est la cause et la source de toutes*
» *les misères*. C'est pourquoi ils ont fait des loix, dans
» lesquelles chacun pût contempler et lire son devoir,
» et connoître les peines que méritent ceux qui les
» violent ». *Hooker, Ecc. Pol., lib.* 1, §. 10.

aucun prétexte de supériorité, prétendre être exempt d'y obéir, pour se permettre, ou à quelques-uns de ceux de sa dépendance, des choses qui y soient contraire (1). *Personne, sans doute, dans la société civile, ne peut être exempt d'en observer les Loix.* Car, si quelqu'un pense pouvoir faire ce qu'il voudra, et qu'il n'y ait d'appel sur la terre contre ses injustices et ses violences, je demande, si un tel homme n'est pas toujours entièrement dans l'*état de nature*, s'il n'est pas *incapable d'être membre de la société civile* ? Il faut demeurer d'accord de cela, à moins qu'on n'aime mieux dire, que *l'état de nature* et la *société civile*, sont une seule et même chose; ce que je n'ai jamais vu, comme je n'ai jamais entendu dire, qu'aucun l'ait soutenu, quelque grand défenseur qu'il ait été de l'anarchie.

―――――――――

(1) *Les loix civiles étant des actes de tout le corps politique, sont par conséquent au-dessus de chaque partie de ce corps.* Hooker dans le même endroit.

CHAPITRE VII.

Du commencement des Sociétés politiques.

Ier. Les hommes, ainsi qu'il a été dit, étant tous naturellement libres, égaux et indépendans, nul ne peut être tiré de cet état, et être soumis au *pouvoir politique* d'autrui, sans son propre consentement, par lequel il peut convenir, avec d'autres hommes, de se joindre et *s'unir en société* pour leur conservation, pour leur sûreté mutuelle, pour la tranquillité de leur vie, pour jouir paisiblement de ce qui leur appartient en propre, et être mieux à l'abri des insultes de ceux qui voudroient leur nuire et leur faire du mal. Un certain nombre de personnes sont en droit d'en user de la sorte, à cause que cela ne fait nul tort à la *liberté* du reste des hommes, qui sont laissés dans la *liberté* de *l'état de nature*. Quand un certain nombre de personnes sont convenues ainsi de *former une communauté et un gouvernement*, ils sont par-là en même-tems incorporés, et composent un seul *corps politique*, dans lequel le plus grand nombre a droit de conclure et d'agir.

II. Car lorsqu'un certain nombre d'hommes ont, par le consentement de chaque individu, formé une *communauté*, ils ont par-là fait de cette *communauté*, un corps qui a le pouvoir d'agir comme un corps doit faire, c'est-à-dire, de suivre la volonté et la détermination du *plus grand nombre*; ainsi une *société* est bien formée par le consentement de chaque individu; mais cette *société* étant alors un corps, il faut que ce corps se meuve de quelque manière : or, il est nécessaire qu'il se meuve du côté où le pousse et l'entraîne la plus grande force, qui est le *consentement du plus grand nombre*, autrement il seroit absolument impossible qu'il agît ou continuât à être un corps et une *société*, comme le consentement de chaque particulier, qui s'y est joint et uni, a voulu qu'il fût : chacun donc est obligé, par ce consentement-là, de se conformer à ce que *le plus grand nombre* conclut et résout. Aussi voyons-nous que dans les assemblées qui ont été autorisées par des loix positives, et qui ont reçu de ces loix le pouvoir d'agir, quoiqu'il arrive que le nombre ne soit pas déterminé pour conclure un point, ce que fait et conclut le *plus grand nombre*, est considéré comme étant fait et conclu par tous ; les loix de la nature et de la raison dictant que la chose doit se pratiquer et être regardée de la sorte.

III. Ainsi, chaque particulier convenant avec les autres de faire un *corps politique*, sous un certain gouvernement, s'oblige envers chaque membre de cette *société*, de se soumettre à ce qui aura été déterminé par *le plus grand nombre*, et d'y consentir : autrement cet accord original, par lequel il s'est incorporé avec d'autres dans une *société*, ne signifieroit rien ; et il n'y auroit plus de convention, s'il demeuroit toujours *libre*, et n'avoit pas des engagemens différens de ceux qu'il avoit auparavant, dans *l'état de nature*. Car quelle apparence, quelle marque de convention et de traité y a-t-il en tout cela? Quel nouvel engagement paroît-il, s'il n'est lié par les décrets de la *société*, qu'autant qu'il le trouvera bon, et qu'il y consentira actuellement ? S'il peut ne se soumettre et consentir aux actes et aux résolutions de sa société, qu'autant et selon qu'il le jugera à propos, il sera toujours dans une aussi grande liberté qu'il étoit avant l'accord, ou qu'aucune autre personne puisse être dans *l'état de nature*.

IV. Car si *le consentement du plus grand nombre* ne peut raisonnablement être reçu comme un *acte de tous*, et obliger chaque individu à s'y soumettre, rien autre chose que le consentement de chaque individu ne sera capable de faire regarder un arrêt et une délibération, comme un arrêt et une délibération de tout le corps. Or, si l'on considère les infirmités et les maladies auxquelles les hommes sont exposés, les distractions, les affaires, les différens emplois, qui ne peuvent qu'empêcher, je ne dirai pas seulement, un aussi grand nombre de gens qu'il y en a dans une *société politique*, mais un beaucoup moins grand nombre de personnes, de se trouver dans les assemblées publiques ; et que l'on joigne à tout cela la variété des opinions et la contrariété des intérêts, qui ne peuvent qu'être dans toutes les assemblées : on reconnoîtra qu'il seroit presque impossible, que jamais aucun décret fût valable et reçu. En effet, si l'on n'entroit en *société* que sous telles conditions, cette entrée seroit semblable à l'entrée de *Caton* au théâtre, *tantum ut exiret*. Il y entroit *seulement pour en sortir*. Une telle constitution rendroit le plus fort *Léviathan* (*),

---

(*) Ce mot se trouve souvent dans l'Ecriture pour

d'une plus courte durée que ne sont les plus foibles créatures, et sa durée ne s'étendroit pas au-delà du jour de sa naissance, ce que nous ne saurions supposer devoir être, sans avoir présupposé, ce qui seroit ridicule, que des créatures raisonnables désireroient et établiroient des *sociétés*, uniquement pour les voir se dissoudre. Car, où *le plus grand nombre* ne peut conclure et obliger le reste à se soumettre à ses décrets; là on ne sauroit résoudre et exécuter la moindre chose; là ne sauroit se remarquer nul acte, nul mouvement d'un corps; et par conséquent cette espèce de corps de *société* se dissoudroit d'abord.

V. Quiconque donc sort de l'*état de nature*, pour entrer dans une *société*, doit être regardé comme ayant remis tout le pouvoir nécessaire, aux fins pour lesquelles il y est entré, entre les mains du *plus grand nombre* des membres, à moins que ceux qui se sont joints pour composer un *corps politi-*

---

signifier un grand poisson; mais suivant son origine, *Leviat* et *Tan*, il signifie *un grand tout, composé de parties liées ensemble*, ce qui a donné lieu au fameux *Hobbes*, d'intituler *Leviathan*, son Traité du Gouvernement politique, auquel M. *Locke* fait ici allusion.

que, ne soient convenus expressément d'un plus grand nombre. Un homme qui s'est joint à une *société*, a remis et donné ce pouvoir dont il s'agit, en consentant simplement de s'unir à une *société politique*, laquelle contient en elle-même toute la convention, qui est ou qui doit être, entre des particuliers qui se joignent pour former une *communauté*. Tellement que ce qui a donné naissance à une *société politique*, et qui l'a établie, n'est autre chose que le consentement d'un certain nombre d'hommes *libres*, capables d'être représentés par le plus grand nombre d'eux ; et c'est cela, et cela seul qui peut avoir donné commencement dans le monde à un *gouvernement légitime*.

VI. A cela, on fait deux objections. La première, *qu'on ne sauroit montrer dans l'histoire aucun exemple d'une compagnie d'hommes indépendans et égaux, les uns à l'égard des autres, qui se soient joints et unis pour composer un corps, et qui, par cette voie, aient commencé à établir un gouvernement.*

La seconde, *qu'il est impossible, de droit, que les hommes aient fait cela, à cause que naissant tous sous un gouvernement, ils sont obligés de s'y soumettre, et n'ont pas la liberté de jeter les fondemens d'un nouveau.*

VII. Quant à la première, je réponds qu'il ne faut nullement s'étonner, si l'histoire ne nous dit que peut de choses touchant *les hommes qui ont vécu ensemble dans l'état de nature.* Les inconvéniens d'une telle condition, le desir et le besoin de la *société*, ont obligé ceux qui se trouvoient ensemble, en un certain nombre, à s'unir incessamment et à composer un corps, s'ils souhaitoient que la *société* durât. Que si nous ne pouvons pas supposer que des hommes aient jamais été dans l'*état de nature*, parce que nous n'apprenons presque rien sur ce point, nous pouvons aussi douter que les gens qui composoient les armées de *Salmanassar* ou de *Xerxès*, *aient jamais été enfans*, à cause que l'histoire ne le marque point et qu'il n'y est fait mention d'eux que comme d'hommes faits, que comme d'hommes qui portoient les armes. Le gouvernement précède toujours sans doute les registres, et rarement les belles-lettres sont cultivées parmi un peuple, avant qu'une longue continuation de la *société* civile ait, par d'autres arts plus nécessaires, pourvu à sa sûreté, à son aise et à son abondance. C'est alors que l'on commence à fouiller dans l'histoire de ces fondateurs, et à rechercher son origine, quand la mémoire s'en est perdue ou obscurcie. Car les *sociétés* ont cela de commun avec les personnes particulières, qu'elles sont d'ordinaires fort ignorantes dans leur naissance et dans leur enfance, et si elles apprennent et savent quelque chose, ce n'est que par le moyen des registres et des monumens que d'autres ont conservés par hazard. Ceux que nous avons du commencement des *sociétés politiques*, si l'on excepte celle des *Juifs*, dans laquelle Dieu lui-même est intervenu immédiatement, en accordant à cette nation des faveurs très-particulières, nous ont conservé des exemples clairs de ces commencemens de *sociétés*, dont j'ai parlé, ou du moins ils nous en font voir des traces manifestes.

VIII. Il faut avouer qu'on a un étrange penchant à nier les choses de fait les plus évidentes, lorsqu'elles ne s'accordent pas avec les hypothèses qu'on a une fois embrassées. Qui est-ce aujourd'hui qui ne m'accordera que *Rome* et *Venise* ont commencé par des gens libres et indépendans au regard les uns des autres, entre lesquels il n'y avoit nulle supériorité, nulle sujétion naturelle ? Que si nous voulons écouter *Joseph Acosta*, il nous dira que dans la plus grande partie de l'*Amérique*, il ne se trouva nul gouvernement. *Il y a de grandes et fort apparentes conjectures*, dit-il, *que ces gens-là* (parlant de ceux du Pérou), *n'ont eu, durant long-tems, ni Rois, ni communautés, mais qu'ils ont vécu et sont allés en troupes, ainsi que font aujourd'hui ceux qui habitent la Floride, et comme pratiquent encore les Cheriquanas et les gens du Brésil, et plusieurs autres nations qui n'ont pas certains Rois, mais qui, suivant que l'occasion de la paix ou de la guerre se présente, choisissent leurs capitaines, selon leur volonté*, liv. 1, chap. 25. Si l'on dit que chacun naît sujet à son *père* ou au chef de sa famille, nous avons prouvé que la soumission due par un enfant à son *père*, ne détruit point la *liberté* qu'il a toujours de se joindre à la *société politique* qu'il juge à propos. Mais, quoi qu'il en soit, il est évident que ceux, dont il vient d'être fait mention, étoient actuellement *libres*, et quelque supériorité que certains politiques veuillent aujourd'hui placer dans quelques-uns d'entr'eux, il est constant qu'ils ne la reconnoissent ni ne se l'attribuent point ; mais, *d'un commun consentement*, ils sont tous égaux, jusqu'à ce que, par le même consentement, ils aient établi des gouverneurs sur eux-mêmes. Tellement que toutes leurs *sociétés politiques* ont commencé par une union volontaire, et par un accord mutuel de personnes, qui ont agi *librement*, dans le choix qu'ils ont fait de leurs gouverneurs, et de la forme du gouvernement.

IX. Je ne doute point que ceux qui vinrent de *Sparte* avec *Palante*, et dont *Justin* fait mention, n'eussent assuré qu'ils avoient été des gens *libres* et indépendans, les uns à l'égard des autres ; *et qu'ils avoient établi un gouvernement, et s'y étoient soumis par leur propre consentement*. Voilà des exemples que l'histoire nous fournit, des personnes *libres* et dans *l'état de nature*, qui s'étant assemblées ont formé des corps et des *sociétés*. Et même, si parce que l'on ne pourroit produire sur ce sujet aucun exemple, on étoit en droit d'en tirer un argument pour prouver que le gouvernement n'a point commencé, ni n'a pu commencer, de la manière que nous prétendons ; je crois que les défenseurs de *l'empire paternel* feroient beaucoup mieux d'abandonner cette sorte de preuve, que d'y insister et de la pousser contre la *liberté naturelle*. Car, quand même ils pourroient alléguer un grand nombre d'exemples tirés de l'Histoire des Gouvernemens, qui auroient commencé par le *droit paternel*, sur lequel ils auroient été fondés (quoiqu'après tout un argument employé pour prouver par ce qui a été, ce qui devroit être de droit, ne soit pas d'une grande force); on peut, sans grand danger, accorder ce qu'ils avancent. Mais si je puis leur donner un conseil, ce seroit qu'ils feroient mieux de ne pas rechercher trop l'origine des gouvernemens pour connoître comment ils ont commencé, *de facto*, de peur qu'ils ne trouvent dans la fondation de la plupart, quelque chose qui favorise peu leur dessein, et le pouvoir pour lesquels ils combattent.

X. Mais pour conclure, puisque de notre côté il paroît, même très-clairement, que les hommes sont naturellement *libres*, et que les exemples pris de l'histoire montrent que les gouvernemens du monde, qui ont commencé en paix, ont été fondés de la manière que nous avons dit, et ont été formés par le consentement des peuples, il ne peut plus y avoir lieu de douter du droit et de la justice de ces sortes de gouvernemens, ni de l'opinion dans laquelle ont été les hommes à cet égard, et de la pratique qu'ils ont observée dans l'érection des *sociétés*.

XI. JE ne veux pas nier que, si on pénètre bien avant dans l'histoire, et si l'on remonte aussi haut qu'il est possible, vers l'origine des sociétés, on ne les trouve généralement sous le gouvernement et l'administration d'un seul homme. Je suis même fort disposé à croire que, quand une famille étoit assez nombreuse pour subsister et se soutenir d'elle-même, et qu'elle continuoit à demeurer unie en elle-même, mais séparée des autres sans se mêler avec elles, dans un tems où il y avoit beaucoup de terres et peu de peuples, le gouvernement commençoit et résidoit ordinairement dans le père. Car le père ayant, par les *loix de la nature*, le même pouvoir qu'avoit tout autre homme, de punir, comme il jugeoit à propos, la violation de ces loix, pouvoit punir les fautes de ces enfans, lors mêmes qu'ils étoient hommes faits et hors de minorité; et il y a apparence qu'ils se soumettoient tous à lui et consentoient d'être punis tous par ses mains et par son autorité seule; qu'ils se joignoient tous à lui dans le besoin, contre celui qui avoit fait quelque méchante action; et que que par-là ils donnoient le pouvoir d'exécuter sa sentence pour punir quelque crime, et l'établissoient effectivement législateur et gouverneur de tous ceux qui demeuroient unis à sa famille. C'étoit, sans doute, la meilleure précaution et le meilleur parti qu'ils pouvoient prendre. L'affection paternelle ne pouvoit que prendre grand soin de ce qui appartenoit à chacun, et le mettre en sûreté. Et comme, dans leur enfance, ils étoient accoutumés à obéir à leur père, ils trouvoient infailliblement qu'il étoit plus commode, plus aisé et plus avantageux de se soumettre à lui, qu'il ne leur auroit été de se soumettre à quelque autre. Et, s'il avoit besoin de quelqu'un qui les gouvernât, parce que des gens qui vivent ensemble ne peuvent se passer qu'avec peine de quelque gouvernement, qui pouvoit le faire mieux que leur père commun ? à moins que sa négligence, sa cruauté ou quelqu'autre défaut de l'esprit ou du corps ne l'en rendît incapable. Mais, quand le père venoit à mourir, et que le plus proche héritier qu'il laissoit n'étoit pas capable de gouvernement, faute d'âge, de sagesse, de prudence,

prudence, de courage ou de quelque autre qualité, ou bien lorsque diverses familles convenoient de s'unir et de continuer à vivre ensemble dans une même *société* : il ne faut point douter qu'alors tous ceux qui composoient ces familles, n'usassent pleinement de leur *liberté naturelle*, pour établir sur eux celui qu'ils jugeoient le plus capable de les gouverner. Conformément à cela, nous voyons que les peuples de l'*Amérique*, qui vivent éloignés des épées des conquérans, et de la domination ambitieuse des deux grands Empires du *Pérou* et du *Méxique*, jouissent de leur *naturelle liberté*; quoique, *cæteris paribus*, ils préfèrent d'ordinaire l'héritier du Roi défunt. Cependant, s'ils viennent à remarquer en lui quelque *foiblesse*, quelque défaut considérable, quelque incapacité essentielle, ils le laissent; et ils établissent pour leur gouverneur, le plus vaillant et le plus brave d'entre eux.

XII. Ainsi, quoiqu'en remontant aussi haut que les monumens de l'histoire des nations le permettent, l'on trouve que dans le tems que le monde se peuploit, le gouvernement des peuples étoit entre les mains d'un seul; cela ne détruit pourtant point ce que j'affirme ; savoir, que le commencement de la *société politique*, dépend du *consentement de chaque particulier*, qui veut bien se joindre avec d'autres pour composer une *société*, ensorte que tous ceux qui y entrent, peuvent établir la forme de gouvernement qu'ils jugent à propos. Mais cela ayant donné occasion à quelques-uns de tomber dans l'erreur, et de s'imaginer que par *nature*, le gouvernement est monarchique, et appartient au *père*; il ne faut point oublier d'examiner pourquoi du commencement les peuples se sont attachés à cette forme-là de gouvernement. Dans la première institution des communautés, la prééminence des *pères* peut l'avoir produite, peut avoir été cause que tout le pouvoir a été remis *entre les mains d'un seul* : cependant, il est clair que ce qui obligea dans la suite, de continuer à vivre dans la même forme de gouvernement, ne regardoit point l'*autorité paternelle*, puisque toutes les petites monarchies, proche de leur origine, ont été ordinairement, du moins par occasion, *électives*.

XIII. Premièrement donc, dans le commencement des choses, le gouvernement des *pères* ayant accoutumé leurs enfans, dès leur bas-âge, au gouvernement d'un seul homme, et leur ayant appris que, lorsqu'il étoit exercé avec soin, diligence et affection, à l'égard de ceux qui y étoient soumis, il suffisoit, pour protéger et procurer tout le bonheur qu'on pouvoit espérer raisonnablement ; il ne faut pas s'étonner si les hommes se sont attachés à cette forme de gouvernement, à laquelle ils avoient été accoutumés tous dès leur enfance et qu'ils avoient, outre cela, trouvée, par l'expérience aisée et sûre. On peut ajouter à cette réflexion, que la monarchie étant quelque chose de simple, et qui se présentoit de soi-même à l'*esprit des hommes*, que l'expérience n'avoit pas encore instruits des différentes formes possibles du gouvernement, et qui n'avoient aucune idée de l'ambition ou de l'insolence des empires, ils n'ont pu se mettre en garde contre les maux de l'*autorité suprême*, et les inconvéniens du *pouvoir absolu*, que la monarchie dans la succession des tems devoit s'attribuer et exercer. On trouvera de même moins étrange, qu'ils ne se soient pas mis en peine de penser aux moyens de réprimer les entreprises outrées de ceux à qui ils avoient commis l'*autorité*, et de balancer le pouvoir du gouvernement, en mettant diverses parties de ce pouvoir en différentes mains. Ils n'avoient jamais senti l'oppression de la domination tyrannique ; et les mœurs de leur tems, leurs possessions, leur manière de vivre, qui fournissoient peu de matière à l'avarice ou à l'ambition, ne leur faisoient point appréhender cette domination ; et ne les obligeoient point de se précautionner contre elle. Ainsi, il n'est pas étonnant qu'ils aient établi cette forme de gouvernement, qui, comme j'ai dit, non-seulement s'offroit d'abord à l'esprit, mais étoit la plus conforme à leur condition et à leur état présent. Car ils avoient bien plus besoin de défense contre les invasions et les attentats du dehors, que d'un grand nombre de loix, de gouverneurs et d'officiers, pour régler le dedans et punir les criminels, à cause qu'ils n'avoient alors que peu de biens propres, et qu'il y en avoit peu d'entre eux qui fissent tort aux autres. Comme ils s'étoient joints en *société* volontairement et d'un commun accord, on ne peut que supposer qu'ils avoient de la bienveillance et de l'affection les uns pour les autres, et qu'il y avoit entre eux une mutuelle confiance. Ils craignoient bien plus ceux qui n'étoient pas de leur corps, qu'ils ne se craignoient les uns les autres : et par conséquent leur principal soin, et leur principale attention étoit de se mettre à couvert de la violence du dehors; et il leur étoit fort naturel d'établir entre eux la forme de gouvernement qui pouvoit le plus servir à cette fin, et de choisir le plus sage et le plus brave, qui les conduisît dans leurs guerres, et les menât avec succès contre leurs ennemis, et qui, en cela principalement, fût leur gouverneur.

XIV. Aussi voyons-nous que les Rois des *Indiens* dans l'*Amérique*, dont les manières et les coutumes doivent toujours être regardées comme un modèle de ce qui s'est pratiqué dans le premier âge du monde, en *Asie* et en *Europe*, pendant que les habitans de cette partie de la terre, si éloignée des autres, ont été en petit nombre, et que ce petit nombre de gens, dans un pays si grand, et le peu d'usage et de connoissance de l'argent monnoyé, ne les ont pas sollicités à étendre leurs possessions et leurs terres, ou à contester pour une étendue déserte de pays, n'ont été guère plus que généraux de leur armée. Quoiqu'ils commandent absolument pendant la guerre, ils n'exercent chez eux, en tems de paix, qu'une *autorité* fort mince, et n'ont qu'une souveraineté très-modérée. Les résolutions, au sujet de la paix et de la guerre, sont, pour l'ordinaire les résolutions du peuple ou du conseil. Du reste, la guerre elle-même, qui ne s'accommode guère de la pluralité des généraux, fait tomber naturellement le commandement entre les mains des rois seuls.

XV. PARMI le peuple d'*Israël* même, le principal emploi des *Juges*, et des premiers *Rois*, semble n'avoir consisté qu'à faire la fonction de général, en tems guerre, et à conduire les armées. Cela paroît clairement, non-seulement par cette expression si fréquente de l'Ecriture, *sortir et revenir devant le peuple*, ce qui étoit se mettre en marche pour la guerre, et revenir ensuite à la tête des troupes, mais aussi particulièrement par l'histoire de *Jephté*. Les *Ammonites* faisant la guerre à *Israël*, les *Galaadites*, saisis de crainte, envoyèrent des députés à *Jephté*, qu'ils avoient chassé comme un bâtard de leur famille, et convinrent avec lui qu'il seroit leur gouverneur, à condition qu'il les secourût contre les *Ammonites* (1). *Le peuple l'établit sur*

―――――――――――――――――――
(1) Jug. XI, 11.

soi pour chef et pour capitaine : ce qui étoit, comme il paroît, la même chose que *Juge* (1). *Et Jephté jugea Israël,* c'est-à-dire, fut son général *six ans.* De même, lorsque *Jonatham* reproche aux *Sichemites* les obligations qu'ils avoient à *Gédéon*, qui avoit été leur *Juge* et leur conducteur, il leur dit (2) : *Mon père a combattu pour vous et a hasardé sa vie, et vous a délivrés des mains de Madian.* Il ne dit autre chose de lui, ainsi qu'on voit, si non qu'il avoit agi comme un général d'armée a coutume de faire. Certainement, c'est tout ce qui se trouve dans son histoire, aussi bien que dans l'histoire du reste des Juges. *Abimélec,* particuliérement, est appelée Roi, quoique tout au plus il ne fût que général. Et lorsque les enfans d'*Israël* étant las de la mauvaise conduite des fils de (3) *Samuel,* desirèrent avoir un Roi, *comme toutes les nations, qui les jugeât, et sortît devant eux, et conduisît leurs guerres,* que Dieu leur accorda ce qu'ils souhaitoient avec tant d'ardeur, il dit à Samuel (4) : *Je t'envoierai un homme, et tu l'oindras pour être capi-*

---

(1) Jug. XII, 7. (2) Jug. IX, 17. (3) I. Sam. VIII. 20. (4) IX, 16.

taine de mon peuple Israël, *et il délivrera mon peuple des mains des* Philistins : comme si toute l'occupation et tout l'emploi du Roi des *Israélites*, ne consistoit qu'à conduire leurs armées, et à combattre pour leur défense. aussi, lorsque *Saül* fut sacré, *Samuel*, en versant une phiole d'huile sur lui, lui déclara que (1) *le Seigneur l'avoit oint sur son héritage pour en être le capitaine*. C'est par la même raison et dans les mêmes vues, que ceux qui, après que *Saül* eut été choisi solemnellement, et salué Roi par les tribus, à *Mispah*, étant fâchés qu'il fût leur Roi, ne firent d'autre objection que celle-ci (2) : *Comment nous délivreroit cet homme ?* Comme s'ils avoient dit, cet homme n'est pas propre pour être notre Roi, il n'a pas assez d'adresse, d'habileté, de conduite, de capacité (pour nous défendre. Quand Dieu encore résolut de transférer le gouvernement et de le donner à *David*, *Samuel* parla à *Saül* de cette sorte (*) : *Mais maintenant ton règne ne sera point affermi. Le seigneur s'est choisi un homme selon son cœur ; et le Seigneur lui a com-*

---

(1) X. 1. (2) v. 37.
(*) XIII. 34.

mandé d'être capitaine de son peuple, comme si toute l'autorité royale n'étoit autre chose que l'autorité de général. Aussi, lorsque les tribus qui avoient demeuré attachées à la famille de *Saül*, après sa mort, et s'étoient opposées de tout leur pouvoir au règne de *David*, allèrent enfin en *Hébron*, pour lui faire hommage, elles alléguèrent, entre les motifs qui les obligeoient de se soumettre à lui et de reconnoître son autorité, qu'il étoit effectivement leur Roi, du tems même de *Saül*, et qu'ainsi il n'y avoit nulle raison de ne le pas recevoir et considérer comme leur Roi, dans le tems et les circonstances où ils se trouvoient (*): *Ci-devant, quand Saül étoit Roi sur nous, tu étois celui qui menois et ramenois* Israël: *et le Seigneur t'a dit, tu paîtras mon peuple d'*Israël, *et seras capitaine d'*Israël.

XVI. Soit donc qu'une famille, par degrés, ait formé une communauté, et que l'*autorité paternelle* ayant été continuée, et ayant passé dans l'aîné, de sorte que chacun, à son tour, l'ayant exercée, chacun aussi s'y étoit soumis tacitement, surtout puisque cette facilité, cette égalité

―――――――――――――――――――――――

(*) 2. Sam. V. 2.

cette bonté qui se trouvoient dans ceux qui composoient une même famille, empêchoit que personne ne pût être offensé, jusqu'à ce que le tems eût confirmé cette autorité, et fondé un droit de succession, soit que diverses familles, ou les descendans de diverses familles, que le hasard, le voisinage, ou les affaires avoient ramassées, se soient, par ce moyen, jointes en *société*; le besoin d'un général, dont la conduite et la valeur pût les défendre contre leurs ennemis dans la guerre, et la grande confiance, qu'inspiroit naturellement l'innocence et la sincérité de ces pauvres, mais vertueux tems, tels qu'ont été presque tous ceux qui ont donné naissance aux gouvernemens, qui ont été jamais dans le monde, ont engagé les premiers institueurs des communautés à remettre généralement le gouvernement entre les mains d'un seul. Le bien public, la sûreté, le but des communautés obligèrent d'en user de la sorte, dans l'enfance, pour ainsi dire, des sociétés et des états. Et l'on ne peut disconvenir que si l'on n'avoit pratiqué cela, les nouvelles, les jeunes sociétés n'auroient pu subsister long-tems. Sans ces pères sages et affectionnés, dont nous avons parlé tant de fois, sans les soins de ces gouverneurs établis, tous les gouvernemens seroient bientôt fondus, et auroient été détruits dans la foiblesse et les infirmités de leur enfance; le Prince et le peuple seroient péris tous ensemble dans peu de tems.

XVII. LE premier âge du monde étoit un âge d'or. L'ambition, l'avarice, *amor sceleratus habendi*, les vices qui règnent aujourd'hui, n'avoient pas encore corrompu les cœurs des hommes, dans ce bel âge, et ne leur avoient pas donné de fausses idées au sujet du pouvoir des Princes et des gouverneurs. Comme il y avoit beaucoup plus de vertu, *les gouverneurs y étoient beaucoup meilleurs*, et les sujets moins vicieux. En ce tems-là, les gouverneurs et les magistrats, d'un côté, n'étendoient pas leur pouvoir et leurs priviléges, pour opprimer le peuple, ni de l'autre, le peuple ne se plagnoit point des priviléges et de la conduite des gouverneurs et des magistrats, et ne s'efforçoit point de diminuer ou de réprimer leur pouvoir; ainsi, il n'y avoit entre eux nulle contestation au sujet du gouvernement. Mais lorsque l'ambition, le luxe et l'avarice, dans les siècles suivans, ont voulu retenir et accroître le pouvoir, sans se mettre en peine de considérer comment et pour quelle fin il avoit été commis; et que la flatterie s'y étant mêlée, a appris aux Princes à avoir des intérêts distincts et séparés de ceux du peuple; on a cru qu'il étoit nécessaire d'examiner avec plus de soin, *l'origine et les droits du gouvernement* ; et de tâcher de trouver des moyens de *réprimer les excès* et de *prévenir les abus* de ce pouvoir, qu'on avoit pour son propre bien, confié à d'autres, et qu'on voyoit pourtant n'être employé qu'à faire du mal à ceux qui l'avoient remis (1).

---

(1) « Dans le commencement, lorsque quelque
» sorte de gouvernement fut formée, il peut être
» arrivé qu'on n'ait fait autre chose que de remettre
» tout à la sagesse et à la discrétion de ceux qui étoient
» choisis pour gouverneurs. Mais ensuite, par l'expé-
» rience, les hommes ont reconnu que ce gouverne-
» ment auquel ils se trouvoient soumis, étoit sujet à
» toutes sortes d'inconvéniens, et que ce qu'ils
» avoient établi pour remédier à leurs maux, ne faisoit
» que les augmenter, et on dit que, *vivre selon la*
» *volonté d'un seul homme, c'est la cause et la source*
» *de toutes les misères.* C'est pourquoi ils ont fait des
» loix, dans lesquelles chacun pût contempler et lire
» son devoir, et connoître les peines que méritent
» ceux qui les violent. *Hooker, Eccl. l. I, §. 10.* »

XVIII. Ainsi nous voyons combien il est probable que les hommes, qui étoient naturellement libres, et qui, de leur propre consentement, se sont soumis au gouvernement de leurs pères, ou se sont joints ensemble, pour faire de diverses familles un seul et même corps, ont remis le gouvernement *entre les mains d'un seul*, sans limiter, par des conditions expresses, ou régler son pouvoir, qu'ils croient être assez en sûreté, et devoir conserver assez sa justice et sa droiture dans la probité et dans la prudence de celui qui avoit été élu. Il ne leur étoit jamais monté dans l'esprit que la monarchie fût, *jure divino*, de droit divin; on n'avoit jamais entendu parler de rien *de semblable* avant que ce grand mystère eût été révélé par la *Théologie* des derniers siècles. Ils ne regardoient point non plus le pouvoir paternel comme un droit à la domination, ou comme le fondement de tous les gouvernemens. Il suffit donc d'être convaincu que les lumières, que l'histoire nous peut fournir sur ce point, nous autorisent à conclure que tous les commencemens paisibles des gouvernemens ont eu pour cause *le consentement des peuples*. Je dis les commencemens *pai-*

sibles, parce que j'aurai occasion, dans un autre endroit, de parler des conquêtes, que quelques-uns estiment être des causes du commencement des gouvernemens.

XIX. L'AUTRE objection que je trouve être faite contre le commencement des sociétés politiques, tel que je l'ai représenté, est celle-ci ; *que tous les hommes étant nés sous quelque gouvernement, il est impossible qu'aucun d'eux ait jamais été libre, ait jamais eu la liberté de se joindre à d'autres pour en commencer un nouveau, ou qu'il ait jamais pu ériger un légitime gouvernement*. Si ce raisonnement est juste, je demande comment sont devenues légitimes les monarchies dans le monde ? Car, si quelqu'un peut me montrer un homme, dans quelque siècle, qui ait été en liberté de commencer une monarchie légitime, je lui en montrerai dix autres, qui, dans le même tems, auront eu la liberté et le pouvoir de s'unir, et de commencer un nouveau gouvernement sous la forme royale, ou sous quelque autre forme. N'est-ce pas une démonstration évidente, que si quelqu'un né sous la domination d'un autre, a été assez libre pour avoir droit de commander aux autres, dans un empire nouveau et distinct, tous ceux qui sont nés sous la domination d'autrui, peuvent avoir été aussi libres, et être devenus, par la même voie, les gouverneurs ou les sujets d'un gouvernement distinct et séparé ? Et ainsi, par le propre principe de ceux qui font l'objection, ou bien tous les hommes sont nés libres à cet égard, ou il n'y a qu'un seul légitime Prince, et un seul gouvernement juste dans le monde ? Qu'ils aient la bonté de nous marquer et indiquer simplement quel il est; je ne doute point que tout le monde ne soit d'abord disposé à lui faire hommage, à s'y soumettre, et à lui obéir.

XX. Quoique cette réponse, qui fait voir que l'objection jette ceux qui la proposent dans les mêmes difficultés où ils veulent jeter les autres, puisse suffire; je tâcherai, néanmoins, de mettre encore mieux dans tout son jour la foiblesse de l'argument des adversaires.

Tous les hommes, disent-ils, *sont nés sous un gouvernement; et, par cette raison, ils ne sont point dans la liberté d'en instituer aucun nouveau. Chacun naît sujet de son père ou de son Prince, et par con-*

séquent chacun est dans une perpétuelle obligation de sujétion et de fidélité. Il est clair que jamais les hommes n'ont considéré *cette sujétion naturelle dans laquelle ils soient nés*, à l'égard de leurs pères ou à l'égard de leurs princes, comme quelque chose qui les obligeât sans leur propre consentement, à se soumettre à eux ou à leurs héritiers.

XXI. Il n'y a pas dans l'Histoire, soit sacrée, soit profane, de plus fréquens exemples que ceux des gens qui se sont retirés de l'obéissance et de la juridiction sous laquelle ils étoient nés, et de la famille ou de la communauté dans laquelle ils avoient pris naissance, et avoient été nourris, et qui ont établi de nouveaux gouvernemens en d'autres endroits. C'est ce qui a produit un si grand nombre de petites sociétés au commencement des siècles, lesquelles se répandirent peu-à-peu en différens lieux, et se multiplièrent autant que l'occasion s'en présenta et qu'il se trouva de place pour les contenir ; jusqu'à ce que les plus fortes engloutirent les plus foibles ; et qu'ensuite les plus grands Empires étant tombés dans la décadence et ayant été, pour ainsi dire, mis en pièces, se sont partagés en diverses petites dominations. Or, toutes ces choses sont de puissans témoignages contre la souveraineté paternelle, et prouvent clairement que ce n'a point été un droit naturel du père passé à ses héritiers, qui a fondé les gouvernemens dans le commencement du monde, puisqu'il est impossible, sur ce fondement-là, qu'il y ait eu tant de petits Royaumes, et qu'il ne devroit s'y être trouvé qu'une seule Monarchie universelle, s'il est vrai que les hommes n'aient pas pas eu la liberté de se séparer de leurs familles, et de leur gouvernement tel qu'il ait été, et d'ériger différentes communautés et d'autres gouvernemens, tels qu'ils jugeoient propos.

XXII. Telle a été la pratique du monde, depuis son commencement jusqu'à ce jour ; et aujourd'hui ceux qui sont nés sous un gouvernement établi et ancien, ont autant de droit et de liberté qu'on en a jamais eu et qu'ils en pourroient avoir, s'ils étoient nés dans un désert, dont les habitans ne reconnoîtroient nulles loix et ne vivroient sous aucuns réglemens. J'affirme ceci, parce que ceux qui veulent nous persuader que *ceux qui sont nés sous un gouvernement y sont naturellement sujets, et n'ont plus de droit et de prétention à la liberté de l'état de nature*, ne produisent d'autre raison, si l'on excepte celles qu'ils tirent du pouvoir paternel, à laquelle nous avons déjà répondu ; ne produisent, dis-je, d'autre raison que celle-ci, savoir que nos pères ayant renoncé à leur *liberté* naturelle, et s'étant soumis à un gouvernement, se sont mis et ont mis leurs descendans dans l'obligation d'être perpétuellement sujets à ce gouvernement-là. J'avoue qu'un homme est obligé d'exécuter et accomplir les promesses qu'il a faites pour soi, et de se conduire conformément aux engagemens dans lesquels il est entré ; mais *il ne peut, par aucune convention, lier ses enfans ou sa postérité*. Car un fils, lorsqu'il est majeur, étant aussi libre que son père ait jamais été, *aucun acte du père ne peut plus ravir au fils la liberté*, qu'aucun acte d'aucun autre homme peut faire. Un père peut, à la vérité, attacher certaines conditions aux terres dont il jouit, en qualité de sujet d'une communauté, et obliger son fils à être membre de cette communauté, s'il veut jouir, comme lui, des possessions de ses pères : la raison de cela est que les biens qu'un père possède, étant ses biens propres, il en peut disposer comme il lui plaît.

XXIII. Or, cela a donné occasion de tomber généralement dans l'erreur sur cette matière. Car les communautés ne permettant point qu'aucunes de leurs terres soient démembrées, et voulant qu'elles ne soient toutes possédées que par ceux qui sont de la communauté, un fils ne peut d'ordinaire jouir des possessions de son père, que sous les mêmes conditions, sous lesquelles son père en a joui, c'est-à-dire, qu'en devenant membre de la même *société*, et se soumettant par conséquent au gouvernement qui y est établi tout de même que tout autre sujet de cette société-là. Ainsi, le consentement d'hommes libres, nés dans une société, lequel seul est capable de les en faire membres, étant donné séparément par chacun à son tour, selon qu'il vient en âge, et non par une multitude de personnes assemblées, le peuple n'y prend point garde, et pensant ou que cette sorte de consentement ne se donne point, ou que ce consentement n'est point nécessaire, il conclut que tous sont naturellement sujets, en tant qu'hommes

XXIV. Il est manifeste que les Gouvernemens eux-mêmes conçoivent et considèrent la chose autrement. Ils ne prétendent point avoir de pouvoir sur le fils, parce qu'ils en ont sur le père ; et ils ne regardent point les enfans comme leurs sujets, sur ce fondement que leurs pères le sont. Si un sujet d'*Angleterre* a, en *France*, un enfant d'une femme *anglaise*, de qui sera sujet cet enfant ? Non du Roi d'*Angleterre*, car auparavant il faut qu'il obtienne la permission d'avoir part à ce privilége, non du Roi de *France*, car alors son père a la liberté de l'emporter en un autre pays et de l'élever comme il lui plaît. Et, qui, je vous prie, a jamais été regardé *comme* un traître ou un déserteur, pour avoir pris naissance dans un pays, de parens, qui y étoient étrangers, et avoir vécu dans un autre ? Il est donc clair, par la pratique des gouvernemens même, aussi bien que par les loix de la *droite raison*, qu'un enfant ne naît sujet d'aucun pays, ni d'aucun gouvernement. Il demeure sous la tutelle et l'autorité de son père, jusques à ce qu'il soit parvenu à l'âge de discrétion ; alors il est homme libre, il est dans la liberté de choisir le gouvernement sous lequel il trouve bon de vivre, et de s'unir au corps politique qui lui plaît le plus. En effet, si le fils d'un *Anglais*, né en *France*, est dans cette liberté-là, et peut en user de la sorte, il est évident que de ce que son père est sujet de ce Royaume, il ne s'ensuit point qu'il soit obligé de l'être. Si le père même a des engagemens à cet égard, ce n'est point à cause de quelque traité qu'aient fait ses ancêtres. Pourquoi donc son fils, par la même raison, n'aura-t-il pas la même liberté *que lui, quand même il seroit en quelqu'autre lieu que ce fût* ; puisque le pouvoir qu'un père a naturellement sur son enfant est le même par-tout, en quelque lieu qu'il naisse, et que les liens des obligations naturelles ne sont point renfermés dans les limites positives des Royaumes et des communautés ?

XXV. Chacun étant *naturellement libre*, ainsi qu'il a été montré, et rien n'étant capable de le mettre sous la sujétion d'aucun autre pouvoir sur la terre, que son propre consentement, il faut considérer en quoi consiste cette *déclaration suffisante du consentement d'un homme, pour le rendre sujet aux loix de quelque Gouvernement*. On distingue communément entre un *consentement exprès* et un *consentement tacite*, et cette distinction fait à notre sujet. Personne ne doutera, je pense, que le *consentement exprès* de quelqu'un, qui entre dans une société, ne le rende parfait membre de cette société-là, et sujet du gouvernement auquel il s'est soumis. La difficulté est de savoir ce qui doit être regardé comme un *consentement tacite*, et jusqu'où il oblige et lie, c'est-à-dire, jusqu'où quelqu'un peut être censé avoir consenti et s'être soumis à un gouvernement, quoiqu'il n'ait pas proféré une seule parole sur ce sujet. Je dis que tout homme qui a quelque possession, qui jouit de quelque terre et de quelque bien qui est de la domination d'un gouvernement, donne par-là son *consentement tacite*, et est obligé d'obéir aux loix de ce gouvernement, tant qu'il jouit des biens qui y sont renfermés, autant que puisse l'être aucun de ceux qui s'y trouvent soumis. Si ce qu'il possède est une terre, qui lui appartienne et à ses héritiers, ou une maison où il n'ait à loger qu'une semaine, ou s'il voyage simplement et librement dans les grands chemins ; en un mot, s'il est sur le territoire d'un gouvernement, il doit être regardé comme ayant donné son *consentement tacite*, et comme s'étant soumis aux loix de ce gouvernement-là.

XXVI. Pour comprendre encore mieux ceci, il est à propos de considérer que quelqu'un du commencement, lorsqu'il s'est incorporé à quelque communauté, a en même-tems, par cet acte, annexé et soumis à cette communauté les possessions qu'il a ou qu'il pourra acquérir, pourvu qu'elles n'appartiennent point déjà à quelque autre gouvernement. En effet, ce seroit une contradiction manifeste, que de dire qu'un homme entre dans une société pour la sûreté et l'établissement de ses biens propres ; et de supposer au même-tems que ses biens, que ses terres, dont la propriété est réglée et établie par les loix de la société, soient exemptes de la juridiction du gouvernement, à laquelle, et le propriétaire et la propriété sont soumis. C'est pourquoi, par le même acte, par lequel quelqu'un unit sa personne, qui étoit auparavant libre, à quelque communauté, il y unit pareillement ses possessions, qui étoient auparavant *li-*

bres, et sa personne et ses possessions deviennent également sujettes au gouvernement et à la domination de cette communauté. Quiconque donc désormais poursuit la permission de posséder quelque héritage ou de jouir autrement de quelque partie de terre annexée, et soumise au gouvernement de cette société, doit prendre ce bien-là sous la condition sous laquelle il se trouve, qui est d'être soumis au gouvernement de cette société, sous la juridiction de laquelle il est autant que puisse être aucun sujet du même gouvernement.

XXVII. Mais si le gouvernement n'a de juridiction directe que sur les terres, et sur les possesseurs considérés précisément comme possesseurs, c'est-à-dire, comme des gens qui possèdent des biens et habitent dans une société, mais qui ne s'y sont pas encore incorporés ; l'obligation où ils sont, en vertu des biens qu'ils possèdent, *de se soumettre au gouvernement qui y est établi, commence et finit avec la jouissance de ces biens*. Tellement que toutes les fois que des propriétaires de cette nature, qui n'ont donné qu'un *consentement tacite* au gouvernement, veulent, par donation, par vente ou autrement, quitter leurs possessions, ils sont en liberté de s'incorporer dans une autre communauté; ou de convenir avec d'autres pour en ériger une nouvelle, *in vacuis locis*, en quelqu'endroit du monde qui soit libre et sans possesseur. Mais si un homme a, par un accord actuel et par une *déclaration expresse*, donné son consentement, pour être de quelque société, il est perpétuellement et indispensablement obligé d'en être, et y doit être constamment soumis toute sa vie, et ne peut rentrer dans l'*état de nature;* à moins que, par quelque calamité, le gouvernement ne vînt à se dissoudre.

XXVIII. Mais se soumettre aux loix d'un pays, vivre paisiblement, et jouir des priviléges et de la protection de ce pays, sont des circonstances qui *ne rendent point un homme membre de la société qui y est établie:* ce n'est qu'une protection locale, et qu'un hommage local, qui doivent se trouver entre des gens qui ne sont point en état de guerre. Mais cela ne rend pas plus un homme membre et sujet perpétuel d'une société, qu'un autre le seroit de quelqu'un dans la famille duquel il trouveroit bon de demeurer quelque tems, encore que pendant qu'il continueroit à y être, il fût obligé de se conformer aux réglemens qu'on y suivroit. Aussi voyons-nous que les étrangers, qui passent toute leur vie dans d'autres états que ceux dont ils sont sujets, et jouissent des priviléges et de la protection qu'on y accorde; quoiqu'ils soient tenus, même en conscience de se soumettre à l'administration qui y est établie, ne deviennent point néanmoins par-là sujets ou membres de ces états. Rien ne peut rendre un homme membre d'une société, qu'une entrée actuelle, qu'un engagement positif, que des promesses et des conventions expresses. Or, voilà ce que je pense touchant le commencement des sociétés politiques, et touchant *ce consentement qui rend quelqu'un membre d'une société*.

CHAPITRE VIII.

Des fins de la Société et du Gouvernement Politique.

Ier. SI l'homme, dans l'*état de nature*, est aussi *libre* que j'ai dit, s'il est le seigneur absolu de sa personne et de ses possessions, égal au plus grand et sujet à personne;

pourquoi se dépouille-t-il de sa liberté et de cet empire, pourquoi se soumet-il à la domination et à l'inspection de quelqu'autre pouvoir ? Il est aisé de répondre, qu'encore que, dans l'*état de nature*, l'homme ait un droit, tel que nous avons posé, la jouissance de ce droit est pourtant fort incertaine et exposée sans cesse à l'invasion d'autrui. Car, tous les hommes étant Rois, tous étant égaux et la plupart peu exacts observateurs de l'équité et de la justice, la jouissance d'un bien propre, dans cet état, est mal assurée, et ne peut guère être tranquille. C'est ce qui oblige les hommes de quitter cette condition, laquelle, quelque libre qu'elle soit, est pleine de crainte, et exposée à de continuels dangers, et cela fait voir que ce n'est pas sans raison qu'ils recherchent la société, et qu'ils souhaitent de se joindre avec d'autres qui sont déjà unis ou qui ont dessein de s'unir et de composer un corps, pour la conservation mutuelle de leurs vies, de leurs *libertés* et de leurs biens ; choses que j'appelle, d'un nom général, *propriétés*.

II. C'est pourquoi, la plus grande et la principale fin que se proposent les hommes, lorsqu'ils s'unissent en communauté et se soumettent à un gouvernement, c'est de *conserver leurs propriétés*, pour la conservation desquelles bien des choses manquent dans l'*état de nature*..

III. Premièrement, il y manque des loix établies, connues, reçues et approuvées d'un commun consentement, qui soient comme l'étendart du droit et du tort, de la justice et de l'injustice, et comme une commune mesure capable de terminer les différends qui s'élèveroient. Car bien que les loix de la *nature* soient claires et intelligibles à toutes les créatures raisonnables; cependant les hommes étant poussés par l'intérêt aussi bien qu'ignorans à l'égard de ces loix, faute de les étudier, ne sont guère disposés, lorsqu'il s'agit de quelque cas particulier qui les concerne, à considérer les loix de la *nature*, comme des choses qu'ils sont très-étroitement obligés d'observer.

IV. *En second lieu*, dans l'*état de nature*, il manque un juge reconnu, qui ne soit pas partial, et qui ait l'autorité de terminer tous les différends, conformément aux loix établies. Car, dans cet état-là, chacun étant juge et revêtu du pouvoir de faire exécuter les loix de la *nature*, et d'en punir les infracteurs, et les hommes étant partiaux, prin-

-cipalement lorsqu'il s'agit d'eux-mêmes et de leurs intérêts, la passion et la vengeance sont fort propres à les porter bien loin, à les jeter dans de funestes extrémités et à leur faire commettre bien des injustices; ils sont fort ardens lorsqu'il s'agit de ce qui les regarde, mais fort négligens et fort froids, lorsqu'il s'agit de ce qui concerne les autres: ce qui est la source d'une infinité d'injustices et de désordres.

V. *En troisème lieu*, dans l'*état de nature*, il manque ordinairement un pouvoir qui soit capable d'appuyer et de soutenir une sentence donnée, et de l'exécuter. Ceux qui ont commis quelque crime, emploient d'abord, lorsqu'ils peuvent, la force pour soutenir leur injustice; et la résistance qu'ils font, rend quelquefois la punition dangereuse, et mortelle même à ceux qui entreprennent de la faire.

VI. Ainsi, les hommes, nonobstant tous les priviléges de l'*état de nature*, ne laissant pas d'être dans une fort fâcheuse condition, tandis qu'ils demeurent dans cet état-là, sont vivement poussés à vivre en société. De-là, vient que nous voyons rarement, qu'un certain nombre de gens vivent quelque tems ensemble, en cet état. Les inconvéniens auxquels ils s'y trouvent exposés, par l'exercice irrégulier et incertain du pouvoir que chacun a de punir les crimes des autres, les contraignent de chercher dans les loix établies d'un gouvernement, *un asyle et la conservation de leurs propriétés*. C'est cela, c'est cela précisément, qui porte chacun à se défaire de si bon cœur du pouvoir qu'il a de punir, à en commettre l'exercice à celui qui a été élu et destiné pour l'exercer, et à se soumettre à ces réglemens que la communauté ou ceux qui ont été autorisés par elle, auront trouvé bon de faire. Et voilà proprement *le droit original et la source, et du pouvoir législatif et du pouvoir exécutif*, aussi bien que des sociétés et des gouvernemens même.

VII. CAR, dans l'*état de nature*, un homme, outre la *liberté* de jouir des plaisirs innocens, a deux sortes de pouvoirs.

Le premier est de faire tout ce qu'il trouve à propos pour sa conservation, et pour la conservation des autres, suivant l'esprit et la permission des *loix de la nature*, par lesquelles loix, communes à tous, lui et les autres hommes font une communauté, composent une société qui les distingue du reste des créatures; et si ce n'étoit la corruption des gens dépravés, on n'auroit besoin d'aucune autre société, il ne seroit point nécessaire que les hommes se séparassent et abandonnassent la communauté naturelle pour en composer de plus petites.

L'autre pouvoir qu'un homme a dans l'*état de nature*, c'est de *punir les crimes commis contre les loix*. Or, il se dépouille de l'un et de l'autre, lorsqu'il se joint à une société particulière et politique, lorsqu'il s'incorpore dans une communauté distincte de celle du reste du genre-humain.

VIII. Le premier pouvoir, qui est de *faire tout ce qu'on juge à propos pour sa propre conservation et pour la conservation du reste des hommes*, on s'en dépouille, afin qu'il soit réglé et administré par les loix de la société, de la manière que la conservation de celui qui vient à s'en dépouiller, et de tous les autres membres de cette société le requiert : et ces loix de la société resserrent en plusieurs choses la *liberté* qu'on a par les loix de la *nature*.

IX. On se défait aussi de l'autre *pouvoir*, qui consiste à *punir*, et l'on engage toute sa force naturelle qu'on pouvoit auparavant employer, de son autorité seule, pour faire exécuter les loix de la *nature*, comme on le trouvoit bon : on se dépouille, dis-je, de ce second pouvoir, et de cette force naturelle, pour assister et fortifier le pouvoir exécutif d'une société, selon que ses loix le demandent. Car un homme, étant alors dans un nouvel état, dans lequel il jouit des commodités et des avantages du travail, de l'assistance et de la société des autres qui sont dans la même communauté, aussi bien que de la protection de l'entière puissance du corps politique, est obligé de se dépouiller de la *liberté naturelle*, quil avoit de songer et pourvoir à lui-même ; oui, il est obligé de s'en dépouiller, autant que le bien, la prospérité, et la sûreté de la société à laquelle il s'est joint, le requièrent : cela est non-seulement nécessaire, mais juste, puisque les autres membres de la société font la même chose.

X. CEPENDANT, quoique ceux qui entrent dans une société, remettent l'*égalité*, la *liberté*, et le *pouvoir* qu'ils avoient dans l'*état de nature*, entre les mains de la société, afin que l'*autorité législative* en dispose de la manière qu'elle trouvera bon, et que le bien de la société requerra ; ces gens-là, néanmoins, en remettant ainsi

leurs

leurs *priviléges naturels*, n'ayant d'autre intention que de pouvoir mieux conserver leurs personnes, leurs libertés, leurs propriétés (car, enfin, on ne sauroit supposer que des créatures raisonnables changent leur condition, dans l'intention d'en avoir une plus mauvaise), le pouvoir de la société ou de l'*autorité législative* établie par eux, ne peut jamais être supposé devoir *s'étendre plus loin que le bien public ne le demande*. Ce pouvoir doit se réduire à mettre en sûreté et à conserver les propriétés de chacun, en remédiant aux trois défauts, dont il a été fait mention ci-dessus, et qui rendoient l'*état de nature* si dangereux et si incommode. Ainsi, qui que ce soit, qui a le pouvoir législatif ou souverain d'une communauté, est obligé de gouverner suivant les loix établies et connues du peuple, non par des décrets arbitraires et formés sur-le-champ ; d'établir des Juges désintéressés et équitables qui décident les différends par ces loix ; d'employer les forces de la communauté au-dedans, seulement pour faire exécuter ces loix, ou au-dehors pour prévenir ou réprimer les injures étrangères, mettre la communauté à couvert des courses et des invasions ; et en tout cela de ne se proposer d'autre fin que la *tranquillité, la sûreté, le bien du peuple.*

CHAPITRE IX.

Des diverses formes des sociétés.

I*er*. L E *plus grand nombre*, comme il a déjà été prouvé, ayant, parmi ceux qui sont unis en société, le pouvoir entier du corps politique, peut employer ce pouvoir à faire des loix, de tems en tems, pour la communauté, et à faire exécuter ces loix par des officiers destinés à cela par ce *plus grand nombre*, et alors la forme du gouvernement est une véritable *démocratie*. Il peut aussi remettre entre les mains de peu de personnes choisies, et de leurs héritiers ou successeurs, le pouvoir de faire des loix; alors c'est une *oligarchie* : ou le remettre entre les mains d'un seul, et c'est une *monarchie*. Si le pouvoir est remis entre les mains d'un seul, et de ses héritiers, c'est une *monarchie héréditaire* : s'il lui est commis seulement à vie, et à condition qu'après sa mort le pouvoir retournera à ceux qui le lui ont confié, et qu'ils lui nommeront un successeur : c'est une *monarchie élective*. Toute société qui se forme, a la liberté d'établir un gouvernement tel qu'il lui plaît, de le combiner et de le mêler des différentes sortes que nous venons de marquer, comme elle juge à propos. Que si le pouvoir législatif a été donné par *le plus grand nombre*, à une personne ou à plusieurs, seulement à vie, ou pour un tems autrement limité ; quand ce tems-là est fini, le pouvoir souverain retourne à la société ; et quand il y est retourné de cette manière, la société en peut disposer comme il lui plaît, et le remettre entre les mains de ceux qu'elle trouvé bon, et ainsi établir *une nouvelle forme de gouvernement*.

II. Par une communauté ou un état, il ne faut donc point entendre, ni une démocratie, ni aucune autre forme précise de gouvernement, mais bien en général une société indépendante, que les Latins ont très-bien désignée par le mot *civitas*, et qu'aucun mot de notre langue ne sauroit mieux exprimer que celui d'*état*.

CHAPITRE X.

De l'étendue du Pouvoir législatif.

Ier LA grande fin que se proposent ceux qui entrent dans une société, étant de jouir de leurs propriétés, en sûreté et en repos; et le meilleur moyen qu'on puisse employer, par rapport à cette fin, étant d'établir des loix dans cette société, *la première et fondamentale loi positive* de tous les états, *c'est celle qui établit le pouvoir législatif*, lequel, aussi bien que les loix fondamentales de la *nature*, doit tendre à *conserver la société;* et, autant que le bien public le peut permettre, chaque membre et chaque personne qui la compose. Ce pouvoir législatif n'est pas seulement le *suprême pouvoir* de l'état, mais encore est sacré, et ne peut être ravi à ceux à qui il a été une fois remis. Il n'y a point d'édit, de qui que ce soit, et de quelque manière qu'il soit conçu, ou par quelque pouvoir qu'il soit appuyé, qui soit légitime et ait force de loi, s'il n'a été fait et donné par cette *autorité législative*, que la société a choisie et établie; sans cela, une loi ne sauroit avoir ce qui est absolument nécessaire à une loi (1); savoir, *le consente-*

---

(1) « Le pouvoir de faire des loix et de les
» proposer pour être observées, à toute une société
» politique, appartenant si parfaitement à toute la
» même société, si un Prince ou un Potentat, quel
» qu'il soit sur la terre, exerce ce pouvoir de lui-
» même, sans une commission expresse, reçue immé-
» diatement et personnellement de Dieu, ou bien par
» l'autorité dérivée du consentement de ceux à qui il
» imposent des loix, ce n'est autre chose qu'une pure
» tyrannie. Il n'y a de *loix légitimes que celles que*
» *l'approbation publique a rendues telles. C'est pour-*
» *quoi nous remarquerons sur ce sujet que*, puisqu'il
» n'y a personne qui ait naturellement un plein et par-
» fait pouvoir de *commander* toute une multitude po-
» litique de gens ; nous pouvons, si nous n'avons point
» donné notre consentement, demeurer libres et sans
» être soumis au commandement d'aucun homme
» qui vive. Mais nous consentons de recevoir des
» ordres, lorsque cette société, dont nous sommes
» membres, a donné son consentement quelque tems
» auparavant, sans l'avoir révoqué quelque tems
» après par un semblable accord universel. Les loix
» humaines donc, de quelque nature qu'elles soient,
» sont valables par le consentement ». *Hooker*,
Eccl. Pol. lib. 1, § 10.

ment de la société, à laquelle nul n'est en droit de proposer des loix à observer, qu'en vertu du consentement de cette société, et en conséquence du pouvoir qu'il a reçu d'elle. C'est pourquoi toute la plus grande obligation où l'on puisse être de témoigner de *l'obéissance*, n'est fondée que sur ce *pouvoir suprême* qui a été remis à certaines personnes, et sur ces loix qui ont été faites par ce pouvoir. De même, aucun serment prêté à un pouvoir étranger, quel qu'il soit, ni aucun pouvoir domestique ou subordonné, ne peuvent décharger aucun membre de l'état, de l'obéissance qui est due au pouvoir législatif, qui agit conformément à l'autorité qui lui a été donnée, ni l'obliger à faire aucune démarche contraire à ce que les loix prescrivent, étant ridicule de s'imaginer que quelqu'un pût être obligé, en dernier ressort, d'obéir au pouvoir d'une société, lequel ne seroit pas suprême.

II. Quoique le *pouvoir législatif* (soit qu'on l'ait remis à une seule personne ou à plusieurs, pour toujours, ou seulement pour un tems et par intervalles) soit le *suprême pouvoir* d'un état; cependant, il n'est premièrement, et ne peut-être absolument arbitraire sur la vie et les biens du peuple. Car, ce pouvoir n'étant autre chose que le pouvoir de chaque membre de la société, remis à cette personne ou à cette assemblée, qui est le législateur, ne sauroit être plus grand que celui que toutes ces différentes personnes avoient dans l'*état de nature*, avant qu'ils entrassent en société, et eussent remis leur pouvoir à la communauté qu'ils formèrent ensuite. Car, enfin, personne ne peut conférer à un autre plus de pouvoir qu'il n'en a lui-même : or, personne n'a un pouvoir absolu et arbitraire sur soi-même, ou sur un autre, pour s'ôter la vie, ou pour la ravir à qui que ce *soit*, ou lui ravir aucun bien qui lui appartienne en propre. Un homme, ainsi qu'il a été prouvé, ne peut se soumettre au pouvoir arbitraire d'un autre; et, dans l'*état de nature*, n'ayant point un pouvoir arbitraire sur la vie, sur la liberté, ou sur les possessions d'autrui, mais son pouvoir s'étendant seulement jusqu'où les loix de la *nature* le lui permettent, pour la conservation de sa personne, et pour la conservation du reste du genre-humain ; c'est tout ce qu'il donne et qu'il peut donner à une société, et, par ce moyen, au *pouvoir légistif* ; ensorte que le *pouvoir législatif* ne sauroit s'étendre plus loin. Selon sa véritable nature et ses véritables engagemens, il doit se terminer au bien public de la société. C'est un pouvoir qui n'a pour fin que la conservation, et qui, par conséquent, ne sauroit jamais avoir droit de détruire, de rendre esclave, ou d'appauvrir, à dessein, aucun sujet (*). Les obligations des loix de la *nature* ne cessent point dans la société; elles y deviennent même plus fortes en plusieurs cas; et les peines qui y sont annexées pour contraindre les hommes à les observer, sont encore mieux connues par le moyen des loix humaines. Ainsi, les loix de la *nature* subsistent toujours comme des règles éternelles pour tous les hommes, pour les législateurs, aussi bien que pour les autres. S'ils font des loix pour régler les actions des membres de l'état, elles doivent être aussi faites pour les leurs propres, et doivent être conformes à celles de la *nature*, c'est-à-dire, à la volonté de Dieu, dont elles sont la déclaration; et la loi fondamentale de la *nature* ayant pour objet la conservation du genre-humain; il n'y a aucun décret humain qui

---

(*) Voyez Hooker, Eccl. Pol. lib. 1, § 10.

puisse être bon et valable, lorsqu'il est contraire à cette loi.

III. En second lieu, *l'autorité législative* ou suprême, n'a point droit d'agir par des décrets arbitraires, et formés sur-le-champ, mais est tenue de dispenser la justice, et de décider des droits des sujets par les loix publiées et établies, et par des juges connus et autorisés (*). Car, les loix de la nature n'étant point écrites, et par conséquent ne pouvant se trouver que dans le cœur des hommes, il peut arriver que, par passion, ou par intérêt, ils en fassent un très-mauvais usage, les expliquent et les appliquent mal, et qu'il soit difficile de les convaincre de leur erreur et de leur injustice, s'il n'y a point de juges établis ; et, par ce moyen, le droit de chacun ne sauroit être déterminé comme il faut, ni les *propriétés* être mises à couvert de la violence, chacun se trouvant alors juge, interprète et exécuteur dans sa propre cause. Celui qui a le droit de son côté, n'ayant d'ordinaire à employer que son seul pouvoir, n'a pas assez de force pour se défendre contre les injures, ou pour

---

(*) Voyez Hooker, Eccl. Pol. lib. 3, §. 9, et lib. 1, §. 10.

punir les malfaiteurs. Afin de remédier à ces inconvéniens, qui causent bien du désordre dans les propriétés des particuliers, dans l'*état de nature*, les hommes s'unissent en société, afin qu'étant ainsi unis, ils aient plus de force et emploient toute celle de la société pour mettre en sûreté, et défendre ce qui leur appartient en propre, et puissent avoir des loix stables, par lesquelles les biens propres soient déterminés, et que chacun reconnoisse ce qui est sien. C'est pour cette fin que les hommes remettent, à la société dans laquelle ils entrent, tout leur *pouvoir naturel*, et que la communauté remet le *pouvoir législatif* entre les mains de ceux qu'elle juge à propos, dans l'assurance qu'ils gouverneront par les loix établies et publiées : autrement, la paix, le repos et les biens de chacun, seroient toujours dans la même incertitude et dans les mêmes dangers qu'ils étoient dans l'*état de nature*.

IV. Un pouvoir arbitraire et absolu, et un gouvernement sans loix établies et stables, ne sauroit s'accorder avec les *fins* de la société et du gouvernement. En effet, les hommes quitteroient-ils la liberté de l'*état de nature* pour se soumettre à un gouvernement dans lequel leurs vies, leurs libertés, leur repos, leurs biens ne seroient point en sûreté ? On ne sauroit supposer qu'ils aient l'intention, ni même le droit de donner à un homme, ou à plusieurs, un pouvoir absolu et arbitraire sur leurs personnes et sur leurs biens, et de permettre au magistrat ou au prince, de faire, à leur égard, tout ce qu'il voudra, par une volonté arbitraire et sans bornes ; ce seroit assurément se mettre dans une condition beaucoup plus mauvaise que n'est celle de l'*état de nature*, dans lequel on a la liberté de défendre son droit contre les injures d'autrui, et de se maintenir, si l'on a assez de force, contre l'invasion d'un homme, ou de plusieurs joints ensemble. En effet, supposant qu'on se soit livré au pouvoir absolu et à la volonté arbitraire d'un législateur, on s'est désarmé soi-même, et on a armé ce législateur, afin que ceux qui lui sont soumis, deviennent sa proie, et soient traités comme il lui plaira. Celui-là est dans une condition bien plus fâcheuse, qui est exposé au pouvoir arbitraire d'un seul homme, qui en commande 100,000, que celui qui est exposé au pouvoir arbitraire de 100,000 hommes particuliers, personne ne pouvant s'assurer que ce seul homme, qui a un tel commandement, ait meilleure volonté que n'ont ces autres, quoiquesa force et sa puissance soit cent mille fois plus grande. Donc, dans tous les états, le pouvoir de ceux qui gouvernent, doit être exercé selon des loix publiées et reçues, non par des arrêts faits sur-le-champ, et par des résolutions arbitraires : car autrement, on se trouveroit dans un plus triste et plus dangereux état que n'est l'*état de nature*, si l'on avoit armé du pouvoir réuni de toute une multitude, une personne, ou un certain nombre de personnes, afin qu'elles se fissent obéir selon leur plaisir, sans garder aucunes bornes, et conformément aux décrets arbitraires de la première pensée qui leur viendroit, sans avoir jusqu'alors donné à connoître leur volonté, ni observé aucunes règles qui pussent justifier leurs actions. Tout le pouvoir d'un gouvernement n'étant établi que pour le bien de la société, comme il ne sauroit, par cette raison, être arbitraire et être exercé suivant le *bon plaisir*, aussi doit-il être exercé suivant les loix établies et connues ; ensorte que le peuple puisse connoître son devoir, et être en sûreté à l'ombre de ces loix ; et qu'en même-tems les gouverneurs se tiennent dans de justes bornes, et ne soient point tentés d'employer le pouvoir qu'ils ont entre les mains, pour suivre leurs passions et leurs intérêts, pour faire des choses inconnues et désavantageuses à la société politique, et qu'elle n'auroit garde d'approuver.

V. En troisième lieu, la suprême puissance n'a point le droit de se saisir d'aucune partie des biens propres d'un particulier, sans son consentement. Car, la conservation de ce qui appartient en propre à chacun, étant la fin du gouvernement, et ce qui engage à entrer en société ; ceci suppose nécessairement que les biens propres du peuple doivent être sacrés et inviolables : ou il faudroit supposer que des gens entrant dans une société, auroient par-là perdu leur droit à ces sortes de biens, quoiqu'ils y fussent entrés dans la vue d'en pouvoir jouir avec plus de sûreté et plus commodément. L'absurdité est si grande, qu'il n'y a personne qui ne la sente. Les hommes donc, possédant, dans la société, les choses qui leur appartiennent en propre, ont un si grand droit sur ces choses, qui, par les loix de la communauté, deviennent leurs, que personne ne peut les prendre, ou toutes, ou une partie, sans leur consentement. Ensorte que si quelqu'un pouvoit s'en saisir, dès-lors ce ne seroient plus des biens propres. Car, à dire vrai, je ne suis pas le propriétaire de ce qu'un autre est en droit de me prendre quand il lui plaira, contre mon consentement. C'est pourquoi, c'est une erreur, que de croire que le pouvoir suprême ou législatif d'un état puisse faire ce qu'il veut, et disposer des biens des sujets d'une manière arbitraire, ou se saisir d'une partie de ces biens, comme il lui plaît. Cela n'est pas fort à craindre dans les gouvernemens où le pouvoir législatif réside entièrement, ou en partie, dans des assemblées qui ne sont pas toujours sur pied, mais composées des mêmes personnes, et dont les membres, après que l'assemblée a été séparée et dissoute, sont sujets aux loix communes de leur pays, tout de même que le reste des citoyens. Mais dans les gouvernemens, où l'autorité législative réside dans une assemblée stable, ou dans un homme seul, comme dans les monarchies absolues, il y a toujours à craindre que cette assemblée, ou ce monarque, ne veuille avoir des intérêts à part et séparés de ceux du reste de la communauté ; et qu'ainsi il ne soit disposé à augmenter ses richesses et son pouvoir, en prenant au peuple ce qu'il trouvera bon. Ainsi, dans ces sortes de gouvernemens, les biens propres ne sont guère en sûreté. Car, ce qui appartient en propre à un homme, n'est guère sûr, encore qu'il soit dans un état où il y a de très-bonnes loix capables de terminer, d'une manière juste et équitable, les procès qui peuvent s'élever entre les sujets; si celui qui gouverne ces sujets-là, a le pouvoir de prendre à un particulier de ce qui lui appartient en propre, ce qu'il lui plaira, et de s'en servir et en disposer comme il jugera à propos.

VI. Mais le gouvernement, entre quelques mains qu'il se trouve, étant, comme j'ai déjà dit, confié sous cette condition, et *pour cette fin*, que chacun aura et possédera en sûreté ce qui lui appartient en propre ; quelque pouvoir qu'aient ceux qui gouvernent, de faire des loix pour régler les biens propres de tous les sujets, et terminer entr'eux toutes sortes de différends, ils n'ont point droit de se saisir des biens propres d'aucun d'eux, pas même de la moindre partie de ces biens, contre le consentement du propriétaire. Car autrement, ce seroit ne leur laisser rien qui leur appartînt en propre. Pour nous convaincre que le pouvoir absolu, lors même qu'il est nécessaire de l'exercer, n'est pas néanmoins arbitraire, mais demeure toujours limité par la raison, et terminé par ces mêmes fins qui requièrent, en certaines rencontres, qu'il soit absolu, nous n'avons qu'à considérer ce qui se pratique dans la discipline militaire. La conservation et le salut de l'armée et de tout l'état, demandent qu'on obéisse absolument aux commandemens des officiers supérieurs; et on punit de mort ceux qui ne veulent pas obéir, quand même celui qui leur donne quelque ordre seroit le plus fâcheux et le plus déraisonnable de tous les hommes; il n'est pas même permis de contester; et si on le fait, on peut être, avec justice, puni de mort; cependant, nous voyons qu'un sergent, qui peut commander à un soldat de marcher pour aller se mettre devant la bouche d'un canon, ou pour se tenir sur une brèche, où ce soldat est presque assuré de périr, ne peut lui commander de lui donner un sol de son argent. Un général non plus, qui peut condamner un soldat à la mort, pour avoir déserté,

pour

pour avoir quitté un poste, pour n'avoir pas voulu exécuter quelque ordre infiniment dangereux, pour avoir désobéi tant soit peu, ne peut pourtant, avec tout son pouvoir absolu de vie et de mort, disposer d'un liard du bien de ce soldat, ni se saisir de la moindre partie de ce qui lui appartient en propre. La raison de cela, est que cette obéissance aveugle est nécessaire *pour la fin* pour laquelle un général ou un commandant a reçu un si grand pouvoir, c'est-à-dire, pour le salut et l'avantage de l'armée et de l'état; et que disposer, d'une manière arbitraire, des biens et de l'argent des soldats, n'a nul rapport avec cette *fin*.

VII. Il est vrai, d'un autre côté, que les gouvernemens ne sauroient subsister sans de grandes dépenses, et par conséquent sans subsides, et qu'il est à propos que ceux qui ont leur part de la protection du gouvernement, paient quelque chose, et donnent à proportion de leurs biens, pour la défense et la conservation de l'état; mais toujours faut-il avoir le consentement du *plus grand nombre* des membres de la société qui le donnent, ou bien par eux-mêmes immédiatement, ou bien par ceux qui les représentent et qui ont été choisis par eux. Car, si quelqu'un prétendoient avoir le pouvoir d'imposer et de lever des taxes sur le peuple, de sa propre autorité, et sans le consentement du peuple, il violeroit la loi fondamentale de la *propriété des choses*, et détruiroit la *fin* du gouvernement. En effet, comment me peut appartenir en propre ce qu'un autre a droit de me prendre lorsqu'il lui plaira?

VIII. En quatrième lieu, l'*autorité législative* ne peut remettre en d'autres mains *le pouvoir de faire des loix*. Car, cette autorité n'étant qu'une autorité confiée par le peuple, ceux qui l'ont reçue n'ont pas droit de la remettre à d'autres. Le peuple seul peut établir la forme de l'état, c'est-à-dire, faire résider le *pouvoir législatif* dans les personnes qu'il lui plaît, et de la manière qu'il lui plaît. Et quand le peuple a dit, *nous voulons être soumis aux loix de tels hommes*, et en telle manière; aucune autre personne n'est endroit de proposer à ce peuple des loix à observer, puisqu'il n'est tenu de se conformer qu'aux règlemens faits par ceux qu'il a choisis et autorisés pour cela.

IX. CE sont-là les bornes et les restrictions que la confiance qu'une société a prise en ceux qui gouvernent, et les loix de *Dieu* et de la *nature* ont mises au *pouvoir législatif* de chaque état, quelque forme de gouvernement qui y soit établie. La première restriction est, *qu'ils gouverneront selon les loix établies et publiées, non par des loix muables et variables, suivant les cas particuliers; qu'il y aura les mêmes réglemens pour le riche et pour le pauvre, pour le favori et le courtisan, et pour le bourgeois et le laboureur.* La seconde, *que ces loix et ces réglemens ne doivent tendre qu'au bien public.* La troisième, *qu'on n'imposera point de taxes sur les biens propres du peuple, sans son consentement, donné immédiatement par lui-même ou par ses députés.* Cela regarde proprement et uniquement ces sortes de gouvernemens, dans lesquels le *pouvoir législatif* subsite toujours et est sur pied sans nulle discontinuation, ou dans lesquels du moins le peuple n'a réservé aucune partie de ce pouvoir aux députés, qui peuvent être élus, de tems en tems, par lui-même. En quatrième lieu, *que le pouvoir législatif ne doit conférer, à qui que ce soit, le pouvoir de faire des loix; ce pouvoir ne pouvant résider de droit que là où le peuple l'a établi.*

CHAPITRE XI.

Du Pouvoir Législatif, Exécutif, et Confédératif d'un État.

Ier. LE *pouvoir législatif*, est celui qui a droit *de régler comment les forces d'un état peuvent être employées pour la conservation de la communauté et de ses membres.* Mais parce que ces loix, qui doivent être constamment exécutées, et dont la vertu doit toujours subsister, peuvent être faites en peu de tems, il n'est pas nécessaire que le *pouvoir législatif* soit toujours sur pied, n'ayant pas toujours des affaires qui l'occupent. Et comme ce pourroit être une grande tentation pour la fragilité humaine, et pour ces personnes qui ont le pouvoir de faire des loix, d'avoir aussi entre leurs mains le pouvoir de les faire exécuter, dont elles pourroient se servir pour s'exempter elles-mêmes de l'obéissance due à ces loix qu'elles auroient faites, et être portées à ne se proposer, soit en les faisant, soit lorsqu'il s'agiroit de les exécuter, que leur propre avantage, et à avoir des intérêts distincts et séparés des intérêts du reste de la communauté, et contraires à la fin de la société et du gouvernement : c'est, pour cette raison, que dans les états bien réglés, où le bien public est considéré comme il doit être, le *pouvoir législatif* est remis entre les mains de divers personnes, qui duement assemblées, ont elles seules, ou conjointement avec d'autres, le pouvoir de faire des loix, auxquelles, après qu'elles les ont faites et qu'elles se sont séparées, elles sont elles-mêmes sujettes ; ce qui est un motif nouveau et bien fort pour les engager à ne faire de loix que pour le *bien public*.

II. Mais parce que les loix qui sont une fois et en peu de tems faites, ont une vertu constante et durable, qui oblige à les observer et à s'y soumettre continuellement, il est nécessaire qu'il y ait toujours quelque puissance sur pied qui fasse exécuter ces loix, et qui conserve toute leur force : et c'est ainsi que le *pouvoir législatif*, et le *pouvoir exécutif*, se trouvent souvent séparés.

III. Il y a un autre pouvoir dans chaque société, qu'on peut appeler *naturel*, à cause qu'il répond au pouvoir que chaque homme a naturellement avant qu'il entre en société. Car, quoique dans un état les membres soient des personnes distinctes qui ont toujours une certaine relation de l'une à l'autre, et qui, comme telles, sont gouvernées par les loix de leur société, dans cette relation pourtant, qu'elles ont avec le reste du genre-humain, elles composent un corps, qui est toujours, ainsi que chaque membre l'étoit auparavant, dans l'*état de nature*, tellement que les différends qui arrivent entre un homme d'une société, et ceux qui n'en sont point, doivent intéresser cette société-là, et une injure faite à un membre d'un corps politique, engage tout le corps à en demander réparation. Ainsi, toute communauté est un corps qui est dans l'*état de nature*, par rapport aux autres états, ou aux personnes qui sont membres d'autres communautés.

IV. C'est sur ce principe qu'est fondé le droit de la *guerre* et de la *paix*, des *ligues*, des *alliances*, de tous les *traités* qui peuvent être faits avec toutes sortes de communautés et d'états. Ce droit peut être appelé, si l'on veut, droit ou *pouvoir con-*

fédératif : pourvu qu'on entende la chose, il est assez indifférent de quel mot on se serve pour l'exprimer.

V. Ces deux pouvoirs, le *pouvoir exécutif*, et le *pouvoir confédératif*, encore qu'ils soient réellement distincts en eux-mêmes, l'un comprenant l'exécution des loix positives de l'état, de laquelle on prend soin au-dedans de la société ; l'autre, les soins qu'on prend, et certaine adresse dont on use pour ménager les *intérêts de l'état*, au regard des gens de dehors et des autres sociétés; cependant, ils ne laissent pas d'être presque toujours joints. Pour ce qui regarde en particulier le *pouvoir confédératif*, ce pouvoir, soit qu'il soit bien ou mal exercé, est d'une grande conséquence à un état ; mais il est pourtant moins capable de se conformer à des loix antécédantes, stables et positives, que n'est le *pouvoir exécutif*; et, par cette raison, *il doit être laissé à la prudence et à la sagesse de ceux qui en ont été revêtus, afin qu'ils le ménagent pour le bien public*. En effet, les loix qui concernent les sujets entre eux, étant destinées à règler leurs actions, doivent précéder ces actions-là : mais qu'y a-t-il à faire de semblable à l'égard des étrangers, sur les actions desquels on ne sauroit compter ni prétendre avoir aucune jurisdiction ? Leurs sentimens, leurs desseins, leurs vues, leurs intérêts peuvent varier; et on est obligé de laisser la plus grande partie de ce qu'il y a à faire auprès d'eux, à la prudence de ceux à qui l'on a remis le *pouvoir confédératif*, afin qu'ils emploient ce pouvoir, et ménagent les choses avec le plus de soin pour l'avantage de l'état.

VI. Quoique, comme j'ai dit, le *pouvoir exécutif* et le *pouvoir confédératif* de chaque société soient réellement distincts en eux-mêmes, ils se séparent néanmoins mal aisément, et on ne les voit guère résider, en un même tems, dans des personnes différentes. Car l'un et l'autre requérant, pour être exercés, les forces de la société, il est presque impossible de remettre les forces d'un état à différentes personnes qui ne soient pas subordonnées les unes aux autres. Que si le *pouvoir exécutif*, et le *pouvoir confédératif*, sont remis entre les mains de personnes qui agissent séparément, les forces du corps politique seront sous de différens commandemens; ce qui ne pourroit qu'attirer, tôt ou tard, des malheurs et la ruine à un état.

CHAPITRE XII.

De la Subordination des Pouvoirs de l'Etat.

Ier. Dans un état formé, qui subsiste, et se soutient, en demeurant appuyé sur les fondemens, et qui agit conformément à sa nature, c'est-à-dire, par rapport à la conservation de la société, il n'y a qu'un pouvoir suprême, qui est *le pouvoir législatif*, auquel tous les autres doivent être subordonnés; mais cela n'empêche pas que le *pouvoir législatif* ayant été confié, afin que ceux qui l'administreroient, agissent pour certaines *fins*, le peuple ne se réserve toujours le pouvoir souverain d'abolir le gouvernement ou de le changer, lorsqu'il voit que les conducteurs, en qui il avoit mis tant de confiance, agissent d'une manière contraire à la *fin* pour laquelle ils avoient été revêtus d'autorité. Car tout le pouvoir qui est donné et confié en vue d'une *fin*, étant limité par cette *fin*-là; dès que cette *fin* vient à être négligée par les peronnes qui ont reçu le pouvoir dont nous parlons, et qu'ils font des choses qui y sont directement opposées; la confiance qu'on avoit prise en eux, doit nécessairement cesser et l'autorité qui leur avoit été remise est dévolue au peuple, qui peut la placer de nouveau, où il jugera à propos, pour sa sûreté et pour son avantage. Ainsi, le peuple garde toujours le *pouvoir souverain* de se délivrer des entreprises de toutes sortes de personnes, même de ses *légilateurs*, s'ils venoient à être assez fous ou assez méchans, pour former des desseins contre les *libertés* et les propriétés des sujets. En effet, personne, ni aucune société d'hommes, ne pouvant remettre sa conservation, et conséquemment tous les moyens qui la procurent, à la volonté absolue et à la domination arbitraire de quelqu'un, quand même quelqu'un en auroit réduit d'autres à la triste condition de l'esclavage, ils seroient toujours en droit de maintenir et conserver ce dont ils n'auroient point droit de se départir; et étant entrés en société dans la vue de pouvoir mieux conserver leurs personnes, et tout ce qui leur appartient en propre, ils auroient bien raison de se délivrer de ceux qui violeroient, qui renverseroient la loi fondamentale, sacrée et inviolable, sur laquelle seroit appuyée *la conservation de leur vie et de leurs biens.* De sorte que le peuple doit être considéré, à cet égard, comme ayant toujours le *pouvoir souverain*, mais non toutefois comme exerçant toujours ce pouvoir; car, il ne l'exerce pas, tandis que la forme de gouvernement qu'il a établie subsiste; c'est seulement lorsqu'elle est renversée par l'infraction des loix fondamentales sur lesquelles elle étoit appuyée.

II. Dans toutes les causes, et dans toutes les occasions qui se présentent, le *pouvoir législatif* est le *pouvoir souverain.* Car, ceux qui peuvent proposer des loix à d'autres, doivent nécessairement leur être supérieurs : et puisque l'autorité législative n'est l'autorité législative de la société, que par le droit qu'elle a de faire des loix pour toutes les parties et pour tous les membres de la société, de prescrire des règlemens pour leurs actions, et de donner le pouvoir de punir exemplairement ceux qui les auroient enfreints, il est nécessaire que le *pouvoir législatif* soit *souverain*, et que tous les autres pouvoirs des différens membres de l'état dérivent de lui et lui soient subordonnés.

III. Dans quelques états où l'assemblée de ceux qui ont le *pouvoir législatif* n'est pas toujours sur pied, et où une seule personne est revêtue du pouvoir *exécutif*, et a aussi sa part au *législatif*, cette personne peut être considérée, en quelque manière, comme *souveraine*. Elle est *souveraine*, non en tant qu'en elle seule réside tout le *pouvoir souverain* de faire des loix, mais premièrement, en tant qu'elle a en soi le *pouvoir souverain* de faire exécuter les loix ; et que de ce pouvoir dérivent tous les différens pouvoirs subordonnés des magistrats, du moins la plupart ; et en second lieu, en tant qu'il n'y a aucun *supérieur législatif* au-dessus d'elle, ni égal à elle, et que l'on ne peut faire aucune loi sans son consentement. Cependant, il faut observer encore que, quoique les sermens de fidélité lui soient prêtés, ils ne lui sont pas prêtés comme au *législateur suprême*, mais comme à celui qui a le *pouvoir souverain* de faire exécuter les loix faites par lui, conjointement avec d'autres. La fidélité à laquelle on s'engage par les sermens, n'étant autre chose que l'*obéissance* que l'on promet de rendre conformément aux loix, il s'ensuit que, quand il vient à violer et à mépriser ces loix, il n'a plus droit d'exiger de l'*obéissance* et de rien commander, à cause qu'il ne peut prétendre à cela qu'en tant qu'il est une personne publique, revêtue du pouvoir des loix, et qui n'a droit d'agir que selon la volonté de la société, qui y est manifestée, par les loix qui y sont établies. Tellement que dès qu'il cesse d'agir selon ces loix et la volonté de l'état, et qu'il suit sa volonté particulière, il se dégrade par-là lui-même, et devient une personne privée, sans pouvoir et sans autorité.

IV. L E *pouvoir exécutif* remis à une seule personne, qui a sa part aussi du *pouvoir législatif*, est visiblement subordonné, et doit rendre compte à ce *pouvoir législatif*, lequel peut le changer et l'établir ailleurs, comme il trouvera bon : en sorte que le *pouvoir suprême exécutif* ne consiste pas à être exempt de subordination, mais bien en ce que ceux qui en sont revêtus, ayant leur part du *pouvoir législatif*, n'ont point au-dessus d'eux un *supérieur législatif distinct*, auquel ils soient subordonnés et tenus de rendre compte, qu'autant qu'ils se joignent à lui, et lui donnent leur consentement, c'est-à-dire, autant qu'ils le jugent à propos; ce qui, certainement, est une subordination bien petite. Quant aux autres pouvoirs subordonnés d'un état, il n'est pas nécessaire que nous en parlions. Comme ils sont multipliés en une infinité de manières, selon les différentes coutumes et les différentes constitutions des différens états, il est impossible d'entrer dans le détail de tous ces pouvoirs. Nous nous contenterons de dire, par rapport à notre sujet et à notre dessein, qu'aucun d'eux n'a aucune autorité qui doive s'étendre au-delà des bornes qui lui ont été prescrites par ceux qui l'ont donnée, et qu'ils sont tous obligés de rendre compte à quelque pouvoir de l'état.

V. Il n'est pas nécessaire, ni à propos, que le *pouvoir législatif* soit toujours sur pied; mais il est absolument nécessaire que le *pouvoir exécutif* le soit, à cause qu'il n'est pas toujours nécessaire de faire des loix; mais qu'il l'est toujours de faire exécuter celles qui ont été faites. Lorsque l'*autorité législative* a remis entre les mains de quelqu'un le pouvoir de faire exécuter les loix, elle a toujours le droit de le reprendre des mêmes mains, s'il y en a un juste sujet, et de punir celui qui l'a administré mal, et d'une manière contraire aux loix. Ce que nous disons, par rapport au *pouvoir exécutif*, se doit pareillement entendre du *pouvoir confédératif* : l'un et l'autre sont subordonnés au *pouvoir législatif*, lequel, ainsi qu'il a été montré, est la *puissance suprême* de l'état. Au reste, nous supposons que l'autorité législative réside dans une assemblée et dans plusieurs personnes : car, si elle ne résidoit que dans une seule personne, cette autorité ne pourroit qu'être sur pied perpétuellement ; et le *pouvoir exécutif* et le *pouvoir législatif* se trouveroient toujours ensemble. Nous entendons donc parler de plusieurs personnes qui peuvent s'assembler et exercer le *pouvoir législatif*, dans de certains tems prescrits, ou par la constitution originaire de cette assemblée, ou par son ajournement, ou bien dans un tems que ceux qui en sont membres, auront choisi et marqué, s'ils n'ont point été ajournés, pour aucun tems, ou s'il n'y a point d'autre voie, par laquelle ils puissent s'assembler. Car le pouvoir souverain leur ayant été remis par le peuple, ce pouvoir réside toujours en eux ; et ils sont en droit de l'exercer lorsqu'il leur plaît, à moins que par la constitution originaire de leur assemblée, certains tems aient été limités et marqués pour cela, ou que par un acte de leur *puissance suprême*, elle ait été ajournée pour un certain tems, dans lequel, dès qu'il est échu, ils ont droit de s'assembler, de délibérer, et d'agir.

VI. Si ceux qui exercent le *pouvoir législatif*, lequel représente le pouvoir du peuple, ou une partie d'eux, ont été élus par le peuple, pour s'assembler dans le tems qu'ils ont fait ; et qu'ensuite ils retournent dans l'état ordinaire des sujets, et ne puissent plus avoir de part à l'autorité législative qu'en vertu d'une nouvelle élection : le pouvoir d'élire, en cette rencontre, doit être exercé par le peuple, soit dans de certain tems précis et destinés à cela, ou lorsqu'il en est sollicité et averti. Et, en ce dernier cas, le pouvoir de convoquer l'assemblée réside ordinairement dans le *pouvoir exécutif*, qui a une de ces deux limitations à l'égard du tems ; l'une, que la constitution originaire de l'assemblée demande qu'elle soit sur pied, et agisse de tems en tems

tems et dans de certains tems précis ; et alors le *pouvoir exécutif* n'a autre chose à faire qu'à publier des ordres, afin qu'on élise les membres de l'assemblée, selon les formes accoutumées ; l'autre, qu'on a laissé à la prudence de ceux qui ont le *pouvoir exécutif*, de convoquer l'*assemblée* par une nouvelle élection, lorsque les conjonctures et les affaires publiques le requièrent, et qu'il est nécessaire de changer, réformer, abolir quelque chose de ce qui s'étoit fait et observé auparavant, ou de remédier à quelques inconvéniens fâcheux, et de prévenir des malheurs qui menacent le peuple.

VII. On peut demander ici, qu'est-ce qu'on devroit faire, si ceux qui sont revêtus du *pouvoir exécutif*, ayant entre les mains toutes les forces de l'état, se servoient de ces forces pour empêcher que ceux à qui appartient le *pouvoir législatif*, ne s'assemblassent et n'agissent, lorsque la constitution originaire de leur assemblée, ou les nécessités publiques le requéroient ? Je réponds que ceux qui ont le *pouvoir exécutif*, agissant, comme il vient d'être dit, sans en avoir reçu d'autorité, d'une manière contraire à la confiance qu'on a prise en eux, sont dans l'*état de guerre* avec le peuple, qui a droit

Q

de rétablir l'assemblée qui le représente ; et de la remettre dans l'exercice du *pouvoir législatif*. Car, ayant établi cette assemblée, et l'ayant destinée à exercer le pouvoir de faire des loix, dans de certains tems marqués, ou lorsqu'il est nécessaire ; si elle vient à être empêchée par la force, de faire ce qui est si nécessaire à la société, et en quoi la sûreté et la conservation du peuple consiste, le peuple a droit de lever cet obstacle par la force. Dans toutes sortes d'états et de conditions, le véritable remède qu'on puisse employer contre la force sans autorité, c'est d'y opposer la force. Celui qui use de la force sans autorité, se met par-là dans un état de guerre, comme étant l'agresseur, et s'expose à être traité de la manière qu'il vouloit traiter les autres.

VIII. LE pouvoir de convoquer l'assemblée *législative*, lequel réside dans celui qui a le *pouvoir exécutif*, ne donne point de supériorité au *pouvoir exécutif* sur le *pouvoir législatif* : il n'est fondé que sur la confiance qu'on a mise en lui à l'égard du salut et de l'avantage du peuple ; l'incertitude et le changement ordinaire des affaires humaines empêchant qu'on n'ait pu prescrire, d'une manière utile, le tems des assemblées qui exercent le *pouvoir législatif*. En effet, il n'est pas possible que les premiers instituteurs des sociétés aient si bien prévu les choses et aient été si maîtres des événemens futurs, qu'ils aient pu fixer un tems juste et précis pour les assemblées du pouvoir législatif, et pour leur durée, ensorte que ce tems répondît aux nécessités de l'état. Le meilleur remède qu'on ait pu trouver, en cette occasion, c'est sans doute de s'être remis à la prudence de quelqu'un qui fût toujours présent et en action, et dont l'emploi consistât à veiller sans cesse pour le bien public. Des assemblées du *pouvoir législatif* perpétuelles, fréquentes, longues sans nécessité, ne pourroient qu'être à charge au peuple, et que produire avec le tems des inconvéniens dangereux. Mais aussi des affaires soudaines, imprévues, urgentes, peuvent quelquefois exiger l'assistance prompte de ces sortes d'assemblées. Si les membres du corps législatif différoient à s'assembler, cela pourroit causer un extrême préjudice à l'état; et même quelquefois les affaires qui sont sur le tapis, dans les séances de ce corps, se trouvent si importantes et si difficiles, que le tems qui auroit été limité pour la durée de l'assemblée, seroit trop court pour y pourvoir et y travailler comme il faudroit, et priveroit la société de quelque avantage considérable qu'elle auroit pu retirer d'une mûre délibération. Que sauroit-on faire donc de mieux, pour empêcher que l'état ne soit exposé, tôt ou tard, à d'éminens périls, d'un côté ou d'autre, à cause des intervalles et des périodes de tems fixés et réglés pour les assemblées du pouvoir législatif? Que sauroit-on, dis-je, faire de mieux, que de remettre la chose avec confiance à la prudence de quelqu'un, qui étant toujours en action, et instruit de l'état des affaires publiques, peut se servir de sa prérogative pour le bien public ? Et à qui pourroit-on se mieux confier, pour cela, qu'à celui à qui on a confié, pour la même fin, le pouvoir de faire exécuter les loix ? Ainsi, si nous supposons que l'assemblée *législative* n'a pas, par la constitution originaire, un tems fixe et arrêté, le pouvoir de la convoquer tombe naturellement entre les mains de celui qui a le *pouvoir exécutif*, ou comme ayant un pouvoir arbitraire, un pouvoir qu'il ait droit d'exercer selon son plaisir, mais comme tenant son pouvoir, de gens qui le lui ont remis, dans l'assurance qu'il ne l'emploieroit que pour le bien public, selon que les conjonctures et les affaires de l'état le demanderoient. Du reste, il n'est pas de mon sujet, ici, d'examiner si les périodes de tems fixés et réglés pour les assemblées *législatives*, ou la liberté laissée à un Prince de les convoquer, ou, peut-être le mélange de l'un et de l'autre, sont sujets à des inconvéniens; il suffit que je montre qu'encore que le *pouvoir exécutif* ait le privilége de convoquer et de dissoudre les conventions du *pouvoir législatif*, il ne s'ensuit point que le *pouvoir exécutif* soit supérieur au *pouvoir législatif*.

IX. Les choses de ce monde sont exposées à tant de *vicissitudes*, que rien ne demeure long-tems dans un même état. Les peuples, les richesses, le commerce, le pouvoir sont sujets à de grands changemens. Les plus puissantes et les plus florissantes villes tombent en ruine, et deviennent des lieux désolés et abandonnés de tout le monde ; pendant que d'autres, qui auparavant étoient déserts et affreux, deviennent des pays considérables, remplis de richesses et d'habitans. Mais les choses ne changent pas toujours de la même manière. En effet, souvent les intérêts particuliers conservent les coutumes et les priviléges, lorsque les raisons qui les avoient établis ont cessé; il est arrivé souvent aussi que dans les gouvernemens où une partie de l'autorité *législative* représente le peuple, et est choisie par le peuple, cette représentation, dans la suite du tems, ne s'est trouvée guère conforme aux raisons qui l'avoient établie du commencement. Il est aisé de voir combien grandes peuvent être les absurdités, dont seroient suivie l'observation exacte des coutumes, qui ne se trouvent plus avoir de proportion avec les raisons qui les ont introduites : il est aisé de voir cela, si l'on considère que le simple nom d'une fameuse ville, dont il ne reste que quelques masures, au milieu desquelles il n'y a qu'une étable à moutons, et ne se trouve pour habitans qu'un berger, fait envoyer à la grande assemblée des législateurs, autant de députés représentatifs, que tout un comté infiniment peuplé, puissant et riche y en envoie. Les étrangers demeurent tous surpris de cela; et il n'y a personne qui ne confesse que la chose a besoin de remède. Cependant, il est très-difficile d'y remédier, à cause que la constitution de l'autorité *législative étant l'acte originaire et suprême de la société*, lequel a précédé toutes les loix positives qui y ont été faites, et dépend entièrement du peuple, nul pouvoir inférieur n'a droit de l'altérer. D'ailleurs, le peuple, quand le *pouvoir législatif* est une fois établi, n'ayant point, dans cette sorte de gouvernement dont il est question, le pouvoir d'agir pendant que le gouvernement subsiste, on ne sauroit trouver de remède à cet inconvénient.

X. S*alus* populi suprema lex. C'est une maxime si juste et si fondamentale, que quiconque la suit, ne peut jamais être en danger de s'égarer. C'est pourquoi, si le *pouvoir exécutif*, qui a le droit de convoquer l'assemblée législative, observant plutôt la vraie proportion de l'assemblée représentative, que ce qui a coutume de se pratiquer lorsqu'il s'agit d'en faire élire les membres, règle, non suivant la coutume, mais suivant la droite raison, le nombre de ses membres, dans tous les lieux qui ont droit d'être distinctement représentés, et qu'il communique ce droit à une partie du peuple, qui quelque incorporée qu'elle fut, n'y avoit nulle prétention, et qu'il le lui communique à cause des avantages que la société en peut retirer; on ne peut dire qu'un nouveau *pouvoir législatif* ait été établi ; mais bien l'ancien a été rétabli, et qu'on a remedié aux désordres que la succession des tems avoit insensiblement et inévitablement introduits. En effet, l'intérêt, aussi bien que l'intention du peuple étant d'avoir des députés qui le représentent d'une manière utile et avantageuse, quiconque agit conformément à cet intérêt et à cette intention, doit être censé avoir le plus d'affection pour le peuple, et le plus de zèle pour le gouvernement établi ; et ce qu'il fait ne sauroit qu'être approuvé de tout le corps politique. La prérogative n'étant autre chose qu'un pouvoir qui a été remis entre les mains du Prince, afin qu'il pourvût au bien public dans des cas qui dépendent de conjonctures et de circonstances imprévues et incertaines ; des loix fixes et inviolables ne sauroient sûrement servir de règle. Tout ce qui paroît manifestement être fait pour le bien du peuple et pour affermir le gouvernement sur ses fondemens véritables, est, et sera toujours une prérogative juste. Le pouvoir d'ériger de nouvelles communautés, et, par conséquent, des communautés qui ont besoin d'être représentées par des députés, suppose nécessairement qu'avec le tems le nombre représentatif peut varier, et que ceux qui auparavant n'avoient pas droit d'en être, y peuvent ensuite avoir droit; et qu'au contraire, par les mêmes raisons et sur les mêmes fondemens, ceux qui auparavant avoient droit d'être de ce nombre, peuvent n'y en avoir plus, étant devenus trop peu considérables pour y pouvoir prétendre. Ce n'est point le changement qu'on fait dans l'état présent des choses, que la corruption ou la décadence aura peut-être introduit, qui altère et détruit le gouvernement, mais bien ce qui tend à faire tort au peuple et à l'opprimer, et la distinction qu'on feroit des gens, et des différens partis; en sorte qu'il y en eût un qui fût plus mal traité que l'autre, et réduit dans une plus grande sujétion. Certes, tout ce qu'on ne peut regarder que comme avantageux à la société et au peuple en général, et comme fondé sur des raisons justes qui doivent avoir toujours lieu, portera toujours avec soin, lorsqu'on viendra à le pratiquer, sa propre justification : et toutes les fois que le peuple élira ses députés sur des règles et des raisons justes, équitables, incontestables, conformes à la forme originaire du gouvernement, il agira, sans doute, d'une manière sage, judicieuse et conforme à l'intérêt et à la volonté de l'état, quel que soit celui qui leur aura permis ou proposé d'en user de la sorte.

CHAPITRE XIII.

De la Prérogative.

Ier. Lorsque le *pouvoir législatif* et le *pouvoir exécutif* sont en différentes mains, comme dans toutes les monarchies modérées, et dans tous les gouvernemens bien réglés, le bien de la société demande qu'on laisse quantité de choses à la discrétion de celui qui a le *pouvoir exécutif*. Car, les législateurs n'étant pas capables de prévoir tout, ni de pourvoir, par des loix, à tout ce qui peut être utile et nécessaire à la communauté, celui qui fait exécuter les loix, étant revêtu de pouvoir, a, par les *loix communes de la nature*, le droit d'employer son pouvoir pour le bien de la société, dans plusieurs cas, auxquels les loix de l'état n'ont point pourvu, jusqu'à ce que le *pouvoir législatif* puisse être dûment assemblé, et y pourvoir lui-même. Et, certainement, il y a plusieurs cas auxquels les législateurs ne sauroient pourvoir en aucune manière ; et ces cas-là doivent nécessairement être laissés à la discrétion de celui qui a le *pouvoir exécutif* entre les mains, pour être réglés par lui, selon que le bien public et l'avantage de la société le demandera. Cela fait que les loix mêmes, doivent, en certains cas, céder au *pouvoir exécutif*, ou plutôt à la loi fondamentale de la nature et du gouvernement, qui est, qu'autant qu'il est possible, tous les membres de la société doivent être conservés. En effet, plusieurs accidens peuvent arriver, dans lesquels une observation rigide et étroite des loix, est capable de causer bien du préjudice, comme de ne pas abattre la maison d'un homme de bien pour arrêter le ravage d'un incendie ; et un homme, en s'attachant scrupuleusement aux loix, qui ne font point distinction des personnes, peut faire une action qui mérite une récompense, et qui, en même-tems, ait besoin de pardon. C'est pourquoi, celui qui tient les rênes du gouvernement, doit avoir, en divers cas, le pouvoir d'adoucir la sévérité des loix, et de pardonner quelques crimes, vu que la fin du gouvernement étant de conserver tous les membres de la société, autant qu'il se peut, des coupables doivent être épargnés, et obtenir leur pardon, lorsqu'on voit manifestement qu'en leur faisant grace, on ne cause aucun préjudice aux innocens.

II. Le pouvoir d'agir avec discrétion pour le bien public, lorsque les loix n'ont rien prescrit sur de certains cas qui se présentent, ou quand même elles auroient prescrit ce qui doit se faire en ces sortes de cas, mais qu'on ne peut exécuter dans de certaines conjonctures sans nuire fort. à l'état : ce pouvoir, dis-je, est ce qu'on appelle *prérogative*, et il est établi fort judicieusement. Car, puisque dans quelques gouvernemens le *pouvoir législatif* n'est pas toujours sur pied ; que même l'assemblée de ce pouvoir est d'ordinaire trop nombreuse et trop lente à dépêcher les affaires qui demandent une prompte exécution ; et qu'il est impossible de prévoir tout, et de pourvoir, par les loix, à tous les accidens et à toutes les nécessités qui peuvent concerner le bien public, ou de faire des loix qui ne soient point capables de causer du préjudice dans certaines circonstances, quoiqu'on les exécute avec une rigueur inflexible dans toutes sortes d'occasions, et à l'égard de toutes sortes de personnes : c'est pour toutes ces raisons qu'on a donné une grande liberté au *pouvoir excutif*, et qu'on a laissé à sa discrétion et à sa prudence, bien des choses dont les loix ne disent rien.

III. Tant que ce pouvoir est employé pour l'avantage de l'état, et conformément à la confiance de la société et aux fins du gouvernement, c'est une *prérogative* incontestable, et on n'y trouve jamais à redire. Car le peuple n'est guère scrupuleux ou rigide sur le point de la *prérogative*, pendant que ceux qui l'ont s'en servent assez bien pour l'usage auquel elle a été destinée, c'est-à-dire, pour le bien public, et non pas ouvertement contre ce même bien. Que s'il vient à s'élever quelque contestation entre le *pouvoir exécutif* et le peuple, au sujet d'une chose traitée de *prérogative*, on peut aisément décider la question, en considérant si l'exercice de cette *prérogative* tend à l'avantage ou au désavantage du peuple.

IV. Il est aisé de concevoir que dans l'enfance, pour ainsi dire, des gouvernemens, lorsque les états différoient peu des familles, eu égard au nombre des membres;

ils ne différoient non plus guère, eu égard au nombre des loix. Les gouverneurs de ces états, aussi bien que les pères de ces familles, veillant pour le bien de ceux dont la conduite leur avoit été commise, le droit de gouverner et de conduire, étoit alors presque toute la *prérogative*. Comme il n'y avoit que peu de loix établies, la plupart des choses étoient laissées à la discrétion, à la prudence et aux soins des conducteurs. Mais quand l'erreur ou la flatterie est venue à prévaloir dans l'esprit foible des Princes, et à les porter à se servir de leur puissance pour des fins particulières et pour leurs propres intérêts, non pour le bien public, le peuple a été obligé de déterminer par des loix, la *prérogative*, de la régler dans les cas qu'il trouvoit lui être désavantageux, et de faire des restrictions pour des cas où les ancêtres les avoient laissées, dans une extrême étendue de liberté, à la sagesse de ces Princes, qui faisoient un bon usage du pouvoir indéfini qu'on leur laissoit, c'est-à-dire, un usage avantageux au peuple.

V. Ainsi, ceux-là ont une très-mauvaise idée du gouvernement, qui disent que le peuple a empiété sur la *prérogative*, lorsqu'il a entrepris de la déterminer et de la borner par des loix positives. Car, en agissant de la sorte, il n'a point arraché au Prince une chose qui lui appartînt de droit; il n'a fait que déclarer que ce pouvoir, qui avoit été laissé indéfini entre ses mains, ou entre les mains de ses ancêtres, afin qu'il fût exercé pour le bien public, n'étoit pas ce qu'il pensoit, lorsqu'il en usoit d'une manière contraire à ce bien-là. Car la fin du gouvernement n'étant autre chose que le bien-être de la communauté, tous les changemens et toutes les restrictions qui tendent à *cette fin*, ne sont nullement une usurpation du droit de personne, puisque personne, dans le gouvernement, n'a droit de se proposer une autre fin. Cela seulement doit être regardé comme une usurpation qui est nuisible et contraire au bien public. Ceux qui parlent d'une autre manière, raisonnent comme si le Prince pouvoit avoir des intérêts distincts et séparés de ceux de la communauté, et que le Prince ne fût pas fait pour le peuple. C'est-là la source de presque tous les malheurs, de toutes les misères, de tous les désordres qui arrivent dans les gouvernemens monarchiques. Et, certes, s'il falloit que les choses allassent, comme elles vont dans ces sortes de gouvernemens, le peuple ne seroit point une société de *créatures raisonnables*, qui composassent un corps pour leur mutuel avantage, et qui eussent des conducteurs établis sur elles pour être attentifs à procurer leur plus grand bien ; mais plutôt un troupeau de créatures inférieures, sous la domination d'un maître qui les feroit travailler, et emploieroit leur travail pour son plaisir et pour son profit particulier. Si les hommes étoient assez destitués de raison et assez abrutis pour entrer dans une société sous de telles conditions, la *prérogative*, entre les mains de qui que ce fût qu'elle se trouvât, pourroit être un pouvoir arbitraire et un droit de faire des choses préjudiciables au peuple.

VI. Mais puisqu'on ne peut supposer qu'une *créature raisonnable*, lorsqu'elle est *libre*, se soumette à un autre, pour son propre désavantage (quoique si l'on rencontre quelque bon et *sage conducteur*, on ne pense peut-être pas qu'il soit nécessaire ou utile de limiter en toutes choses son pouvoir), la *prérogative* ne sauroit être fondée que sur la permission que le peuple a donnée à ceux à qui il a remis le gouvernement, de faire diverses choses, de leur propre et libre choix, quand les loix ne prescrivent rien sur certains cas qui se présentent, et d'agir même quelquefois d'une manière contraire à des loix expresses de l'état, si le bien public le requiert, et sur l'approbation que la société est obligée de donner à cette conduite. Et, véritablement, comme un *bon Prince*, qui a toujours devant les yeux la confiance qu'on a mise en lui, et qui a à cœur le bien de son peuple, ne sauroit avoir une *prérogative* trop grande, c'est-à-dire, un trop grand pouvoir de procurer le bien public ; aussi un Prince foible ou méchant, qui peut alléguer le pouvoir que ses prédécesseurs ont exercé, sans la direction des loix, comme une *prérogative* qui lui appartient de droit, et dont il peut se servir, selon son plaisir, pour avancer des intérêts différens de ceux de la société, donne sujet au peuple de reprendre son droit, et de limiter le pouvoir d'un tel Prince, ce pouvoir qu'il a été bien aise d'approuver et d'accorder tacitement, tandis qu'il a été exercé en faveur du bien public.

VII. Si nous voulons jeter les yeux sur l'histoire d'*Angleterre*, nous trouverons que la *prérogative* a toujours crû entre les mains des plus sages et des meilleurs Princes, parce que le peuple remarquoit que toutes leurs actions ne tendoient qu'au bien public ; ou si, par la fragilité humaine (car les Princes sont hommes, et faits comme les autres), ils se détournoient un peu de cette fin, il paroissoit toujours qu'en général leur conduite tendoit à cette fin-là, et que leurs principales vues avoient pour objet le bien du peuple. Ainsi, le peuple trouvant qu'il avoit sujet d'être satisfait de ces Princes ; toutes les fois qu'ils venoient à agir sans aucune loi écrite, ou d'une manière contraire à des loix formelles, il acquiesçoit à ce qu'ils faisoient, et sans se plaindre, il leur laissoit étendre et augmenter leur *prérogative*, comme ils vouloient, jugeant, avec raison, qu'ils ne pratiquoient rien en cela qui préjudiciât à ses loix, puisqu'ils agissoient conformément aux fondemens et à la fin de toutes les loix, c'est-à-dire, conformément au bien public.

VIII. CERTAINEMENT, ces Princes, semblables à Dieu, autant qu'il étoit possible, avoient quelque droit au pouvoir arbitraire, par la raison que la monarchie absolue est le meilleur de tous les gouvernemens, lorsque les Princes participent à la sagesse et à la bonté de ce grand Dieu, qui gouverne, avec un pouvoir absolu, tout l'univers. Il ne laisse pourtant pas d'être vrai que les règnes des bons Princes ont été toujours très-dangereux et très-nuisibles aux libertés de leur peuple, parce que leurs successeurs n'ayant pas les mêmes sentimens qu'eux, ni les mêmes vues et les mêmes vertus, ont voulu tirer à conséquence et imiter les actions de ceux qui les avoient précédés, et se servir de la *prérogative* de ces bons Princes, pour autoriser tout ce qu'il leur plaisoit faire de mal; comme si la *prérogative* accordée et permise seulement pour le bien du peuple, étoit devenue pour eux un droit de faire, selon leur plaisir, des choses nuisibles et désavantageuses à la société et à l'état. Aussi, cela a-t-il donné occasion à des murmures et à des mécontentemens, et a causé quelquefois des désordres publics, parce que le peuple vouloit recouvrer son droit originaire, et faire arrêter et déclarer que jamais ses Princes n'avoient eu une *prérogative* semblable à celle que ceux qui n'avoient pas à cœur les intérêts et le bien de la nation, qu'ils s'attribuoient avec tant de hauteur. En effet, il est impossible que personne, dans une société, ait jamais eu le droit de causer du préjudice au peuple, et de le rendre malheureux, quoiqu'il ait été possible et fort raisonnable, que le peuple n'ait point limitié la *prérogative* de ces Rois ou de ces conducteurs, qui ne passoient point les bornes que le bien public marquoit et precsrivoit. Après tout, la *prérogative* n'est rien autre chose que le pouvoir *de procurer le bien public, sans réglemens et sans loix.*

IX. Le pouvoir de convoquer les parlemens en *Angleterre*, et de leur marquer précisément le tems, le lieu, et la durée de leurs assemblées, est certainement une *prérogative* du Roi; mais on ne la lui a accordée, et on ne la lui laisse que dans la persuation qu'il s'en servira pour le bien de la nation, selon que le tems et la variété des conjonctures le requerra. Car, étant impossible de prévoir quel lieu sera le plus propre, et quelle saison la plus utile pour l'assemblée, le choix en est laissé au *pouvoir exécutif*, en tant qu'il peut agir à cet égard d'une manière avantageuse au peuple, et conforme aux fins des parlemens.

X. On pourra proposer sur cette matière de la *prérogative*, cette vieille question : *Qui jugera si le pouvoir exécutif a fait un bon usage de sa prérogative ?* Je réponds, qu'il ne peut y avoir de juge sur la terre entre le *pouvoir exécutif*, qui, avec une semblable *prérogative*, est sur pied, et le *pouvoir législatif*, qui dépend, par rapport à sa convocation, de la volonté du *pouvoir exécutif*; qu'il n'y en peut avoir non plus entre le *pouvoir législatif* et le peuple : de sorte que, soit que le *pouvoir exécutif*, ou le *pouvoir législatif*, lorsqu'il a la suprême puissance entre les mains, ait dessein et entreprenne de le rendre esclave et de le détruire, le peuple n'a d'autre remède à employer, en cette sorte de cas, aussi-bien que dans tous les autres, dans lesquels il n'a point de juge sur la terre; que d'en *appeler au Ciel*. D'un côté, les conducteurs, par de telles entreprises, exercent un pouvoir que le peuple n'a jamais remis entre leurs mains, et ne peut jamais y avoir remis, puisqu'il n'est pas possible qu'il ait jamais consenti qu'ils le gouvernassent, et qu'ils dominassent sur lui, à son désavantage et à son préjudice, et fissent ce qu'ils n'avoient point droit de faire; de l'autre, le peuple n'a point de juge sur la terre à qui il puisse appeler contre les injustices de ses conducteurs; ainsi, de tout cela, résulte *le droit d'appeler au Ciel*, s'il s'agit de quelque chose qui soit assez importante. C'est pourquoi, quoique le peuple, par la constitution du gouvernement, ne puisse être juge ni avoir de pouvoir supérieur, pour former des arrêts en cette rencontre : néanmoins, en vertu d'une loi qui précède toutes les loix positives des hommes, et qui est prédominante, il s'est réservé un droit qui appartient généralement à tous les hommes, lorsqu'il n'y a point d'appel sur la terre ; savoir, *le droit d'examiner s'il a juste sujet d'appeler au Ciel*. On ne peut, même légitimement, renoncer à un droit si essentiel et si considérable, parce que personne ne peut se soumettre à un autre, jusqu'à lui donner la liberté de le détruire et de le rendre malheureux. Dieu et la nature ne permettent jamais, à qui que ce soit, de s'abandonner tellement soi-même, que de négliger sa propre conservation ; comme nous ne sommes point en droit de nous ôter la vie, nous ne saurions, par conséquent, avoir droit de donner à d'autres le pouvoir de nous l'ôter. Et que personne ne s'imagine que ce droit et ce privilége des peuples soient une source de perpétuels désordres ; car on ne s'en sert jamais que lorsque les inconvéniens sont devenus si grands, que le plus grand nombre des membres de l'état en souffre beaucoup, et sent qu'il est absolument nécessaire d'y remédier. Les Princes sages, qui gouvernent selon les loix, et qui ont à cœur le bien public, n'ont point à craindre cette sorte de dangers et de désordres qu'on fait sonner si haut, il ne tient qu'aux conducteurs de les éviter, comme des choses auxquelles effectivement ils doivent prendre garde de n'être pas exposés.

CHAPITRE XIV.

Du Pouvoir paternel, du Pouvoir politique et du Pouvoir despotique, considérés ensemble.

Ier. Quoique j'aie déjà eu occasion de parler séparément de ces trois sortes de pouvoirs, néanmoins les grandes et fâcheuses erreurs dans lesquelles on est tombé en dernier lieu, sur la matière du gouvernement, étant provenues, à mon avis, de ce qu'on a confondu ces différens pouvoirs, il ne sera peut-être pas hors de propos de les considérer ici ensemble.

II. Premièrement donc, le *pouvoir*

paternel, ou le pouvoir des parens, n'est rien autre chose que le pouvoir que les pères et les mères ont sur leurs enfans, pour les gouverner d'une manière qui soit utile et avantageuse à ces créatures raisonnables, à qui ils ont donné le jour, jusqu'à ce qu'elles aient acquis l'usage de la *raison*, et soient parvenues à un état d'intelligence, dans lequel elles puissent être supposées capables d'entendre et d'observer les loix, soient que ces loix soient les *loix de la nature*, ou les loix positives de leur pays. Je dis, capables de les entendre aussi bien que tous les autres qui vivent, comme des hommes *libres*, sous ces loix. L'affection et la tendresse que Dieu a mise dans le cœur des pères et des mères pour leurs enfans, fait voir, d'une manière évidente, qu'il n'a pas eu intention que leur pouvoir fût un pouvoir sévère, ni leur gouvernement un gouvernement arbitraire et sans bornes; mais bien que ce gouvernement et ce pouvoir se terminassent aux soins, à l'instruction et à la conservation de leur lignée. Après tout, il n'y a nul sujet, ainsi que j'ai prouvé, de penser que le *pouvoir des pères et des mères* s'étende jamais sur la vie de leurs enfans, plus que sur la vie d'aucune autre personne, ou qu'il assujétisse les enfans, lorsqu'ils sont devenus des hommes faits, et qu'ils ont acquis l'usage de la *raison*, à la volonté de leurs pères et de leurs mères, plus que ne requiert la considération de la vie et de l'éducation qu'ils ont reçues d'eux, et les oblige à d'autres choses qu'à ces devoirs de respect, d'honneur, de reconnoissance, de secours, de consolation, dont ils sont tenus de s'acquitter toute leur vie, tant envers leur père, qu'envers leur mère. Le pouvoir et le gouvernement des parens est donc un pouvoir et un *gouvernement naturel*; mais il ne s'étend nullement sur les droits, les fins, et la jurisdiction du pouvoir et du gouvernement qu'on appelle politique. Le pouvoir d'un père ne regarde point ce qui appartient en propre à ses enfans, qui ont droit seuls d'en disposer.

III. En second lieu, le *pouvoir politique* est ce pouvoir que chaque homme a dans l'*état de nature*, qu'on a réuni entre les mains d'une société, et que cette société a remis à des conducteurs qui ont été choisis, avec cette assurance et cette condition, soit expresse ou tacite, que ce pouvoir sera employé pour le bien du corps politique, et pour la conservation de ce qui appartient en propre à ses membres. Or, le pouvoir que chacun a dans l'*état de nature*, et dont on se dépouille entre les mains d'une société, consiste à user des moyens les plus propres, et que la *nature* permet, pour conserver ce qu'on possède en propre, et pour punir ceux qui violent les *loix de la nature*; ensorte qu'en cela on travaille le plus efficacement, et le plus raisonnablement qu'il est possible, à sa propre conservation, et à la conservation du reste des hommes. *La fin donc, et le grand objet de ce pouvoir*, lorsqu'il est entre les mains de chaque particulier, dans l'*état de nature*, n'étant autre chose que la conservation de tous ceux de la société, c'est-à-dire, de tous les hommes en général, lorsqu'il vient à passer et à résider entre les mains des magistrats et des Princes, ne doit avoir d'autre fin, ni d'autre objet que la conservation des membres de la société, sur laquelle ils sont établis, que la conservation de leurs vies, de leurs libertés, et de leurs possessions; et par une conséquence, dont la force et l'évidence ne peuvent que se faire sentir, ce pouvoir ne sauroit légitimement être un pouvoir absolu et arbitraire à l'égard de leurs vies et de leurs biens, qui doivent être conservés le mieux qu'il est possible. Tout ce à quoi le pouvoir, dont il s'agit, doit être employé, c'est à *faire des loix*, et à y joindre des *peines*; et dans la vue de la conservation du corps politique, à en retrancher ces parties et ces membres seuls qui sont si corrompus, qu'ils mettent en grand danger ce qui est sain : si l'on infligeoit des peines dans d'autres vues, la sévérité ne seroit point légitime. Du reste, *le pouvoir politique tire son origine de la convention et du consentement mutuel de ceux qui se sont joints pour composer une société*.

IV. En troisième lieu, le *pouvoir despotique* est un pouvoir absolu et arbitraire qu'un homme a sur un autre, et dont il peut user pour lui ôter la vie dès qu'il lui plaira. La *nature* ne peut le donner, puisqu'elle n'a fait nulle distinction entre une personne et une autre ; et il ne peut être cédé ou conféré par aucune convention ; car, personne n'ayant un tel pouvoir sur sa propre vie, personne ne sauroit le communiquer et le donner à un autre. Il n'y a qu'un cas où l'on puisse avoir justement un *pouvoir arbitraire et absolu*, c'est lorsqu'on a été attaqué injustement par des gens qui se sont mis en *état de guerre*, et ont exposé leur vie et leurs biens au pouvoir de ceux qu'ils ont ainsi attaqués. En effet, puisque ces sortes d'agresseurs ont abandonné la *raison* que Dieu a donné pour règler les différends, qu'ils n'ont pas voulu employer les voies douces et paisibles, et qu'ils ont usé de force et de violence pour parvenir à leurs fins injustes, par rapport à ce sur quoi ils n'ont nul droit; ils se sont exposés aux mêmes *traitemens* qu'ils avoient résolu de faire aux autres, et méritent d'être détruits, dès que l'occasion s'en présentera, par ceux qu'ils avoient dessein de détruire; ils doivent être traités comme des créatures nuisibles et brutes, qui ne manqueroient point de faire périr, si on ne les faisoit périr elles-mêmes. Ainsi, les prisonniers pris dans une guerre juste et légitime, et *ceux-là seuls*, sont sujets au *pouvoir despotique*, qui, comme il ne tire son origine d'aucune convention, aussi n'est-il capable d'en produire aucune, mais est l'*état de guerre continué*. En effet, quel accord peut-on faire avec un homme qui n'est pas le maître de sa propre vie? Si on l'en rend une fois le maître, le *pouvoir despotique* et *arbitraire* cesse : car, celui qui est devenu le maître de sa personne et de sa vie, a droit sur les moyens qui peuvent la conserver. De sorte que dès qu'un accord intervient, entre un prisonnier de guerre, et celui qui l'a en son pouvoir, l'esclavage, le pouvoir absolu, et l'état de guerre finissent.

V. La nature donne le premier des trois pouvoirs dont nous parlons ; savoir, le *pouvoir des parens*, aux pères et aux mères, pour l'avantage de leurs enfans durant la minorité, pendant laquelle ils ne sont point capables de connoître et de gouverner ce qui leur appartient en propre ; et, par ce qui appartient en propre, il faut entendre ici, aussi bien que dans tous les autres endroits de cet ouvrage, *le droit de propriété qu'on a sur sa personne et sur ses biens*. Un *accord volontaire* donne le second ; savoir, le *pouvoir politique*, aux conducteurs et aux Princes, pour l'avantage de leurs sujets, en sorte que ces sujets puissent posséder en sûreté ce qui leur appartient en propre. Enfin, l'*état de guerre* donne le troisième, c'est-à-dire, le *pouvoir despotique*, aux Souverains qui se sont rendus maîtres des personnes et des biens de ceux qui avoient eu dessein de se rendre maîtres des leurs, et qui par-là ont perdu le droit qu'ils avoient auparavant à ce qui leur appartenoit en propre.

VI. Si l'on considère la différente origine, la différente étendue, et les différentes fins de ces divers pouvoirs, on verra clairement, que le *pouvoir des pères et des mères* est autant au-dessous du *pouvoir des Princes et des Magistrats*, que le *pouvoir despotique* excède ce dernier ; et que la *domination absolue* est tellement éloignée d'être une espèce de société civile, qu'elle n'est pas moins incompatible avec une société civile, que l'esclavage l'est avec des biens qui appartiennent en propre. Le *pouvoir des parens* subsiste, lorsque la minorité rend des enfans incapables de se conduire et de gouverner leurs biens propres ; le *pouvoir politique*, lorsque les gens peuvent disposer de leurs biens propres ; et le *pouvoir despotique*, lorsque les gens n'ont nuls biens propres.

CHAPITRE XV.

Des Conquêtes.

Ier. LES gouvernemens n'ont pu avoir d'autre origine que celle dont nous avons parlé, ni les *sociétés politiques* n'ont été fondées sur autre chose que sur le *consentement du peuple*. Cependant, comme l'ambition a rempli le monde de tant de désordres, et a excité tant de guerres, qui font une si grande partie de l'histoire, on n'a guère fait réflexion à ce consentement, et plusieurs ont pris la force des armes pour le *consentement du peuple*, et ont considéré les *conquêtes* comme la source et l'origine des gouvernemens. Mais les *conquêtes* sont aussi éloignées d'être l'origine et le fondement des états, que la démolition d'une maison est éloignée d'être la vraie cause de la construction d'une autre en la même place. A la vérité, la destruction de la forme d'un état prépare souvent la voie à une nouvelle ; mais il est toujours certain, que *sans le consentement du peuple*, on ne peut jamais ériger aucune nouvelle forme de gouvernement.

II. Il n'y a personne qui demeurera d'accord qu'un agresseur, qui se met dans l'*état de guerre* avec un autre, et envahit ses droits, puisse jamais, par une injuste guerre, avoir droit sur ce qu'il aura conquis. Peut-on soutenir, avec raison, que des voleurs et des pirates aient droit de domination sur tout ce dont ils peuvent se rendre maîtres, ou sur ce qu'on aura été contraint de leur accorder par des promesses que la violence aura extorquées. Si un voleur enfonce la porte de ma maison, et que, le poignard à la main, il me contraignent de lui faire, par écrit, donation de mes biens, aura-t-il droit pour cela ? Un injuste conquérant, qui me soumet à lui par la force et par son épée, n'en a pas davantage. L'injure est la même, le crime est égal, soit qu'il soit commis par un homme qui porte une couronne, ou par un homme de néant. La qualité de celui qui fait tort, ou le nombre de ceux qui le suivent, ne change point le tort et l'offense, ou s'il le change, ce n'est que pour l'aggraver. Toute la différence qu'il y a, c'est que les grands voleurs punissent les petits pour tenir les gens dans l'obéissance ; et que ces grands voleurs sont récompensés de lauriers et de triomphes, parce qu'ils sont trop puissans, en ce monde, pour les foibles mains de la justice, et qu'ils sont maîtres du pouvoir nécessaire pour punir les coupables. Quel remède puis-je employer contre un voleur qui aura percé ma maison ? Appelerai-je aux loix pour avoir justice ? Mais peut-être qu'on ne rend point justice, ou que je suis impotent et incapable de marcher. Si Dieu m'a privé de tout moyen de chercher du remède, il ne me reste que le partie de la patience. Mais, mon fils, quand il sera en état de se faire faire raison, pourra avoir recours aux loix ; lui, ou son fils peut relever appel, jusqu'à ce qu'il ait recouvré son droit. Mais ceux qui ont été *conquis*, ou leurs enfans, n'ont nul juge, ni nul arbitre sur la terre auquel ils puissent appeler. Alors ils doivent appeler au Ciel, comme fit *Jephté*, interjeter appel jusqu'à ce qu'ils aient recouvré le droit de leurs ancêtres, qui étoit d'avoir un *pouvoir législatif* établi sur eux, aux décisions duquel ils aquiesçoient, quand le plus grand nombre des personnes qui étoient revêtues de ce pouvoir les avoit formées. Si l'on objecte que cela est capable de causer des troubles perpétuels, je réponds, que cela n'en causera pas plus que peut faire la justice, lorsqu'elle tend les bras à tous ceux qui veulent avoir recours à elle. Celui qui trouble son voisin, sans sujet, est puni, à cause de cela, par la justice de la cour devant laquelle on a comparu. Et quant à celui qui appelle au Ciel, il doit être bien assuré qu'il a droit, mais un droit tel qu'il peut être hardiment porté à un tribunal qui ne sauroit être trompé, et qui, certainement, rendra à chacun selon le mal qu'il aura fait à ses concitoyens, c'est-à-dire, à quelque partie du genre-humain. Tout ceci fait voir clairement qu'un homme qui fait des conquêtes, dans une injuste guerre, ne peu avoir droit sur ce qu'il a conquis, et que les personnes qui sont tombées sous sa domination, ne lui doivent aucune soumission ni aucune obéissance.

III. Mais supposons que la victoire favorise la cause juste, et considérons un conquérant dans une juste guerre, pour voir quel pouvoir il acquiert et sur qui.

Premièrement, il est visible qu'*il n'acquiert aucun pouvoir sur ceux qui ont été les compagnons de ses conquêtes*. Ceux qui ont combattu pour lui, ne doivent point souffrir parce qu'il a remporté des victoires ; ils sont, sans doute, aussi libres qu'ils l'étoient auparavant. Ils servent, d'ordinaire, sous cette condition, qu'ils auront part au butin et aux autres avantages dont les victoires sont suivies : et un peuple victorieux ne devient point esclave par des conquêtes, et n'est pas couvert de lauriers, pour faire voir qu'il est destiné au sacrifice, pour le jour de triomphe de son général. Ceux qui croient que l'épée établit des monarchies absolues, élèvent infiniment les héros qui sont les fondateurs de ces sortes de monarchies, et leur donnent des titres superbes et magnifiques. Ils ne songent point aux officiers ni aux soldats, qui ont combattu sous les enseignes de ces héros, dans les batailles qu'ils ont gagnées, qui les ont assistés à subjuguer les pays dont ils se sont rendus maîtres, et qui ont demandé part, et à la gloire et à la possession de ce qui a été conquis. Quelques-uns ont dit que la monarchie *anglaise* est fondée sur la conquête des *Normands*, et que par cette conquête fameuse les Rois d'*Angleterre* ont le droit de *domination absolue*. Mais, quand cela seroit aussi vrai, qu'il paroît faux par l'histoire, et que *Guillaume* auroit eu droit de faire la guerre à l'*Angleterre*, la *domination* acquise par sa conquête n'auroit pu s'étendre que sur les *Saxons* et les *Bretons*, qui habitoient alors cette isle. Les *Normands* qui vinrent avec ce héros, dans l'espérance de la conquérir, et tous ceux qui sont ensuite descendus d'eux, ont été des gens libres, et n'ont point été subjugués par la conquête, quelque domination qu'on prétende qu'elle ait procurée. Que si quelqu'un allègue qu'il est homme libre, par la raison qu'il est descendu de ces *Normands*, il sera fort difficile de prouver le contraire : et ainsi, il est visible que les loix, qui n'ont point fait de distinction entre les personnes, n'ont établi entre elles aucune différence à l'égard de la liberté et des priviléges.

IV. Mais supposant ici, ce qu'on voit arriver rarement, que les conquérans et les conquis ne viennent point à se joindre en société, à composer un corps politique, et à vivre sous les mêmes loix et avec la même liberté : voyons *quelle sorte de pouvoir un légitime conquérant acquiert sur ceux qu'il a subjugués*, et si c'est un *pouvoir* purement *despotique*. Certainement, il a un pouvoir absolu sur la vie de ceux qui, par une injuste guerre, ont perdu le droit qu'ils y avoient; mais non sur la vie ou sur les biens de ceux qui n'ont point été engagés dans la guerre, ni même sur les possessions de ceux qui ont été actuellement engagés.

V. En second lieu, je dis qu'un conquérant n'acquiert du pouvoir que sur ceux qui ont actuellement assisté ses ennemis dans une guerre injuste, et ont effectivement concouru et consenti à l'injuste violence dont on a usé envers lui. En effet, le peuple n'ayant point donné à ses conducteurs le pouvoir de rien faire d'injuste, par exemple, d'entreprendre une injuste guerre (hé! comment pourroit-il leur donner un pouvoir et un droit qu'il n'a point?) il ne doit pas être chargé et regardé comme coupable de la violence qu'on a employée dans une guerre injuste, qu'autant qu'il paroît l'avoir excitée ou fomentée, il ne doit pas être censé plus coupable d'une guerre de cette nature, qu'il doit l'être de la violence et de l'oppression dont auroient usé ses conducteurs envers lui-même, ou envers une partie de leurs sujets, ne les ayant pas plus autorisés à un égard qu'à l'autre. Les conquérans, à la vérité, ne se mettent guère en peine de faire ces sortes de distinctions; au contraire, ils ne se plaisent qu'à confondre tout dans la guerre, afin d'envahir et d'emporter tout; mais cela ne change ni ne diminue point le droit; car, un conquérant n'ayant de droit et de pouvoir sur ceux qu'il a subjugués, qu'en tant qu'ils ont employé la force contre lui, pour faire ou soutenir des injustices, il peut avoir un pouvoir légitime sur ceux qui ont concouru et consenti à ces injustices et à cette violence, mais tout le reste est innocent; et il n'a pas plus de droit sur un peuple conquis, qui ne lui a fait nul tort, et qui, par cette raison, n'a point perdu son droit à la vie, qu'il en a sur aucun autre peuple, qui, sans lui faire tort et sans le provoquer, aura vécu honnêtement avec lui.

VI. En troisième lieu, le *pouvoir qu'un conquérant acquiert sur ceux qu'ils subjugue dans une juste guerre, est entièrement despotique.* Par ce pouvoir, il a droit de disposer absolument, et comme il lui plaît, de la vie de ceux qui, s'étant mis dans l'*état de guerre*, ont perdu le droit propre qu'ils avoient sur leurs personnes; mais il n'a pas un semblable droit à l'égard de leurs possessions. Je ne doute point que d'abord cette doctrine ne paroisse étrange : elle est trop opposée à la pratique ordinaire, pour n'être pas regardée comme un paradoxe. Quand on parle des pays qui sont tombés sous la domination d'un Prince, on n'a guère accoutumé d'en parler autrement que comme de *pays conquis*. Il semble que les conquêtes seules portent avec elles, et confèrent infailliblement le droit de possession ; que ce que pratique le plus fort et le plus puissant, doit être la règle du droit ; et que, parce qu'une partie de la condition triste des gens subjugués consiste à ne contester point à leurs vainqueurs leurs prétentions, et à subir les conditions qu'ils prescrivent, l'épée à la main, ces prétentions et ces conditions deviennent par-là justes et bien fondées.

VII. Quand un homme emploie la force contre un autre, il se met par-là en *état de guerre* avec lui. Or, soit qu'il commence l'injure par une force ouverte, ou que l'ayant faite sourdement et par fraude, il refuse de la réparer et la soutienne par la force, c'est la même chose, et l'un et l'autre est guerre. En effet, qu'un homme enfonce la porte de ma maison tout ouvertement, me jette dehors avec violence ; ou qu'après s'y être glissé sans bruit, il la garde et m'empêche, par force, d'y entrer ; ce n'est qu'une seule et même chose. Au reste, nous supposons ici, que ceux dont nous parlons, se trouvent dans cette sorte d'état où l'on n'a point de commun juge sur la terre auquel on puisse appeler. C'est donc l'injuste usage de la violence, qui met un homme dans l'*état de guerre* avec un autre ; et par-là, celui qui en est coupable, perd le droit qu'il avoit à la vie ; car abandonnant la *raison*, qui est la règle établie pour terminer les différends et décider des droits de chacun, et employant la force et la violence, c'est-à-dire, la voie des bêtes, il mérite d'être détruit par celui qu'il avoit dessein de détruire, et d'être regardé et traité comme une bête féroce, qui ne cherche qu'à dévorer et à engloutir.

VIII. Mais parce que les fautes d'un père ne sont pas les fautes de ses enfans, qui peuvent être raisonnables et paisibles, quoiqu'il ait été brutal et injuste : un père, par sa mauvaise conduite et par ses violences, peut perdre le droit qu'il avoit sur sa personne et sur sa propre vie ; mais ses enfans ne doivent point être enveloppés dans ses crimes, ni dans sa destruction. Ses biens, que la *nature*, qui veut la conservation de tous les hommes, autant qu'elle est possible, a fait appartenir à ses enfans pour les empêcher de périr, continuent toujours à leur appartenir. Car, supposons qu'ils ne se soient point joints à leur père dans une *guerre injuste*, soit parce qu'ils étoient trop jeunes et dans l'enfance, soit parce que, par leur propre choix, ils n'ont pas voulu se joindre à lui, il est manifeste qu'ils n'ont rien fait qui doive leur faire perdre le droit qu'ils ont naturellement sur les biens dont il s'agit; et un conquérant n'a pas sujet de les leur prendre; par le simple droit de *conquête*, faite sur un homme qui avoit résolu et tâché de le perdre par la force ; tout le droit qu'il peut avoir sur ses biens, n'est fondé que sur les dommages qu'il a soufferts par la guerre, et pour défendre ses droits, et dont il peut demander la réparation. Or, jusqu'à quel point s'étend ce droit sur les possessions des subjugués? c'est ce que nous verrons dans l'instant. Concluons seulement ici, qu'un vainqueur, qui par ses conquêtes a droit sur la vie de ses ennemis, et peut la leur ôter, quand il lui plaît, n'a point droit sur leurs biens, pour en jouir et les posséder. Car, c'est la violence brutale dont un agresseur a usé, qui a donné à celui à qui il a fait la guerre, le droit de lui ôter la vie et de le détruire, s'il le trouve à propos, comme une créature nuisible et dangereuse; mais c'est seulement le dommage souffert qui peut donner quelque droit sur les biens des vaincus. Je puis tuer un voleur qui se jette sur moi dans un grand chemin; *je ne puis pas pourtant*, ce qui semble être quelque chose de moins, *lui ôter son argent, en épargnant sa vie et le laisser aller;* si je le faisois, je commettrois, sans doute, un larcin. La violence de ce voleur, et l'*état de guerre* dans lequel il s'est mis, lui ont fait perdre le droit qu'il avoit sur sa vie, mais ils n'ont point donné droit sur ses biens. De même, le droit des *conquêtes* s'étend seulement sur la vie de ceux qui se sont joints dans une guerre, mais non sur leurs biens, sinon autant qu'il est juste de se dédommager, et de réparer les pertes et les frais qu'on a fait dans la guerre; avec cette restriction et cette *considération*, que *les droits des femmes et des enfans innocens soient conservés.*

IX. Qu'un conquérant, de son côté, tant de justice et de raison qu'on voudra, il n'a point droit néanmoins de se saisir de plus de choses, que ceux qui ont été subjugués, n'ont mérité d'en perdre. Leur vie est à la merci du vainqueur ; leur service et leurs biens sont devenus son bien propre, et il peut les employer pour réparer le dommage qui lui a été causé : mais il ne peut prendre ce qui appartient aux femmes et aux enfans, qui ont leur droit et leur part aux biens et aux effets dont leurs maris ou leurs pères ont joui. Par exemple, dans l'*état de nature* (tous les états sont dans l'*état de nature*, les uns au regard des autres) j'ai fait tort à un homme ; et ayant refusé de lui donner satisfaction, nous en sommes venus à *l'état de guerre*, dans lequel, quand même je ne ferois que me défendre, je dois être regardé comme l'agresseur. Je suis vaincu et subjugué. Ma vie est certainement à la merci de mon vainqueur, mais non ma femme et mes enfans, qui ne se sont point mêlés de cette guerre : je ne puis point leur faire perdre le droit qu'ils ont sur leur vie, comme ils ne peuvent me faire perdre celui que j'ai sur la mienne. Ma femme a sa dot, ou sa part à mes biens ; et elle ne doit pas la perdre par ma faute. Mes enfans doivent être nourris et entretenus de mon travail et de ma subsistance : or, c'est ici le même cas. Un conquérant a droit de demander la réparation du dommage qu'il a reçu ; et les enfans ont droit de jouir des biens de leurs pères, pour leur subsistance : et quant à la dot, ou à la part des femmes, soit que le travail, ou leur contrat la leur ait procurée ou assurée, il est visible que leurs maris ne peuvent la leur faire perdre. Que faut-il donc pratiquer en cette rencontre ? Je réponds, que la *loi fondamentale de la nature* voulant que tout, autant qu'il est possible, soient conservés, il s'ensuit que s'il n'y a pas assez de bien pour satisfaire les prétendans, c'est-à-dire, pour réparer les pertes du vainqueur, et pour faire subsister les enfans, le vainqueur doit relâcher de son droit et ne pas exiger une entière satisfaction, mais laisser agir le droit seul de ceux qui sont en état de périr, s'ils sont privés de ce qui leur appartient.

X. Mais supposons que les dommages et les frais de la guerre ont été si grands pour le vainqueur, qu'il a été entièrement ruiné, et qu'il ne lui est pas resté un sol ; et que les enfans des subjugués soient dépouillés de tous les biens de leurs pères, et en état de périr et d'être précipités dans le tombeau, la satisfaction néanmoins qui sera due à ce conquérant, ne lui donnera que rarement droit sur le pays qu'il a conquis. Car les dommages et les frais de la guerre montent rarement à la valeur d'une étendue considérable de pays, du moins dans les endroits de la terre qui sont possédés, et où rien ne demeure désert. La perte des revenus d'un ou de deux ans (il n'arrive guère qu'elle s'étende jusqu'à quatre ou jusqu'à cinq ans) est la perte qu'on fait d'ordinaire. Et quand à l'argent monnoyé et à d'autres semblables richesses, qui auront été consumées, ou qui auront été enlevées, elles ne sont pas des biens de la nature, elles n'ont qu'une valeur imaginaire, la nature ne leur a pas donné celles qu'elles ont aujourd'hui : elles ne sont pas plus considérables en elles-mêmes que paroîtroient être, à des Princes de l'*Europe*, certaines choses de l'*Amérique*, que les habitans y estiment fort, ou que ne paroissoit être du commencement, aux *Américains*, notre argent monnoyé. Or, les revenus de cinq années ne peuvent pas balancer la valeur de la jouissance perpétuelle d'un pays, qui est habité et cultivé partout. On en tombera sur-tout facilement d'accord, si l'on fait abstraction de la valeur imaginaire de l'argent monnoyé ; et l'on verra que la disproportion est plus grande que n'est celle qu'il y a entre cinq et cinq mille. Après tout, les dommages que les hommes reçoivent les uns des autres dans *l'état de nature* (tous les Princes et tous les gouvernemens sont dans *l'état de nature*, les uns à l'égard des autres), ne donnent jamais à un conquérant le droit de déposséder la postérité de ceux qu'il aura subjugués, et de la priver de la jouissance de ce qui devoit être son héritage et l'héritage de tous ses descendans, jusqu'à la dernière génération. Les conquérans, à la vérité, sont fort disposés à croire qu'ils sont maîtres légitimes et perpétuels de tout : et telle est la condition de ceux qui sont subjugués, qu'il ne leur est pas permis de soutenir et de défendre leur droit. Il ne laisse pourtant pas d'être certain qu'en ces rencontres, les conquérans n'ont d'autre droit que celui qu'a le plus fort sur le foible : celui qui est le plus fort, est censé avoir droit de se saisir de tout ce qu'il lui plaît.

XI. Donc un conquérant, même dans une juste guerre, n'a, en vertu de ses *conquêtes*, aucun droit de domination sur ceux qui se sont joints à lui, et ont été les compagnons de ses combats, de ses victoires, ni sur les gens d'un pays subjugués qui ne se sont pas opposés à lui, ni sur la postérité de ceux même qui se sont opposés à lui, et lui ont fait actuellement la guerre. Ils doivent tous être exempts de toute sorte de sujétion, au regard de ce conquérant; et si leur gouvernement précédent est dissous, ils sont en droit, et doivent avoir la liberté d'en former et d'en ériger un autre, comme ils jugeront à propos.

XII. A la vérité, les conquérans obligent d'ordinaire, par force et l'épée à la main, ceux qu'ils ont subjuguées, à subir les conditions qu'il leur plaît imposer, et à se soumettre au gouvernement qu'ils veulent établir. Mais la question est de savoir quel droit ils ont d'en user de la sorte. Si l'on dit que les gens subjugués se soumettent de leur propre *consentement*, alors on reconnoît que leur *consentement est nécessaire*, afin qu'un conquérant ait droit de les gouverner. Il ne reste qu'à considérer si des promesses extorquées, si des promesses arrachées de force et sans droit, peuvent être regardées comme un consentement, et jusqu'où elles obligent. Je dis, sans crainte, qu'elles n'obligent en aucune façon, parce que nous conservons toujours notre droit sur ce qu'on nous arrache de force, et que ceux qui extorquent ainsi quelque chose, sont obligés de la restituer incessamment. Si un homme prend par force mon cheval, il est d'abord obligé de me le rendre; et j'ai toujours le droit de le reprendre, si je puis. Par la même raison, celui qui m'arrache de force une promesse, est tenu de me la rendre incessamment, c'est-à-dire, de m'en tenir quitte; ou je puis la reprendre moi-même et la rétracter, c'est-à-dire, qu'il m'est permis de la tenir ou de ne la pas tenir. En effet, les *loix de la nature* m'imposant des obligations, seulement par leurs réglemens et par les choses qu'elles prescrivent, ne peuvent m'obliger à rien, par la violation de leurs propres réglemens; telle qu'est l'action de ceux qui m'extorquent et m'arrachent de force quelque chose. Et il ne sert de rien de dire, que j'ai promis; car il est aussi vrai que ma promesse, en cette occasion, ne m'engage et ne m'oblige à rien, qu'il l'est, que je ne rends point juste et légitime la violence d'un voleur, lorsque je mets la main dans mon gousset, et que j'en tire ma bourse, et la remets moi-même entre les mains du voleur qui me la demande le pistolet à la main.

XIII. De tout cela, il s'ensuit que le gouvernement d'un conquérant, établi par force sur

sur ceux qui ont été subjuguées, et auxquels il n'avoit pas droit de faire la guerre, ou qui ne se sont pas joints à ceux qui ont agi et combattu dans une guerre juste qu'il leur a faite, est un gouvernement injuste et illégitime.

XIV. Mais supposons que tous les membres d'un corps politique qui a été subjugué, se soit joints ensemble pour faire une guerre injuste, et que leur vie soit à la merci et en la disposition du vainqueur.

XV. Je dis que cela ne concerne point leurs enfans, qui sont mineurs. Car, puisqu'un père n'a point de pouvoir sur la vie et sur la liberté de ses enfans, aucune de ses actions et de ses démarches ne les leur peut faire perdre. Ainsi, les enfans, quelque choses qui arrive à leur père, sont toujours des personnes libres; et le pouvoir absolu d'un conquérant ne s'étend que sur la personne de ceux qu'il a subjugués : et quoiqu'il ait droit de les gouverner comme *des esclaves*, comme des gens assujétis à son pouvoir absolu et arbitraire, il n'a point un tel droit de domination sur leurs enfans. Il ne peut avoir de pouvoir sur eux que par leur consentement; et son autorité ne sauroit être légitime, tandis que la force, non le choix, les oblige de se soumettre.

XVI. Chacun est né avec deux sortes de droit. Le premier droit est celui qu'il a sur sa personne, de laquelle il peut seul disposer. Le second est le droit qu'il a, avant tout autre homme, d'hériter des biens de ses frères ou de son père.

XVII. Par le premier de ces droits, on n'est naturellement sujet à aucun gouvernement, encore qu'on soit né dans un lieu où il y en ait un établi. Mais aussi, si l'on ne veut pas se soumettre au gouvernement légitime, sous la jurisdiction duquel on n'est né, il faut abandonner le droit qui est une dépendance de ce gouvernement-là, et renoncer aux possessions de ses ancêtres, si la société où elles se trouvent a été formée par leur consentement.

XVIII. Par le second, les habitans d'un pays, qui sont descendus et tirent le droit qu'ils ont sur leurs biens, de gens qui ont été subjugués : ses sortes d'habitans, qui sont soumis par force et *contre leur consentement libre*, à un gouvernement fâcheux, retiennent leur droit aux possessions de leurs ancêtres, quoiqu'ils ne consentent pas librement au gouvernement sous lequel elles se trouvent, et dont les rudes conditions ont été imposées par force. Car, le conquérant n'ayant jamais eu de droit sur ce pays dont il s'agit, le peuple, c'est-à-dire, les descendans et les héritiers de ceux qui ont été forcés de subir le joug, ont toujours droit de le secouer, et de se délivrer de l'usurpation ou de la tyrannie, que l'épée et la violence ont introduite, jusqu'à ce que leurs conducteurs les aient mis sous une forme de gouvernement à laquelle ils consentent volontairement *et de bon cœur*, ce qu'*ils ne peuvent jamais être supposés faire*, jusqu'à ce quil aient été mis dans l'état d'une pleine liberté, dans lequel ils puissent choisir, et le gouvernement et les gouverneurs, ou du moins jusqu'à ce qu'ils aient des loix stables, auxquelles ils aient, ou immédiatement, ou par ceux qui les représentent, donné *leur consentement libre*, et ainsi, jusqu'à ce qu'ils aient mis en sûreté tout ce qui leur appartient en propre, en sorte que personne ne puisse jamais leur en prendre rien contre leur consentement, sans quoi ils ne sauroient, sous aucun gouvernement, être dans l'état d'hommes *libres*, mais seroient plutôt de véritables *esclaves*, et des gens exposés aux fureurs et aux calamités de la guerre. Et qui doute que les Chrétiens de la *Grèce*, qui sont descendus des anciens possesseurs de ce pays, qui est aujourd'hui sous la domination du Grand-Seigneur, ne pussent justement, s'ils avoient assez de force pour cela, secouer le joug des *Turcs*, sous lequel ils gémissent depuis si long-tems ?

XIX. Mais accordons, qu'un conquérant, dans une juste guerre, a droit sur les biens, tout de même que sur les personnes de ceux qui sont subjugués, il est pourtant clair que cela n'est point ; il ne s'ensuivroit pas, sans doute, que dans la suite de son gouvernement, il dût avoir un pouvoir absolu. Car les descendans de ces gens-là étant tous hommes libres, s'il leur donne des biens et des possessions, afin qu'ils habitent et peuplent son pays, sans quoi il ne seroit de nul prix et de nulle considération, ils ont un droit de propriété sur ces possessions et sur ces biens : or, la nature de la propriété consiste à posséder quelque chose, en sorte que personne n'en puisse légitimement prendre rien, *sans le consentement du propriétaire.*

XX. Leurs personnes sont libres, par un

droit naturel : et quant aux biens qui leur appartiennent en propre, qu'ils soient grands ou petits, eux seuls en peuvent disposer ; autrement, ce ne seroient point des biens propres. Supposons qu'un conquérant donne à un homme mille arpens de terre, pour lui et pour ses héritiers, à perpétuité, et qu'il laisse à un autre mille arpens, à vie, moyennant la somme de 50 liv. ou de 500 liv. par an ; l'un d'eux n'a-t-il pas droit sur mille arpens de terre, à perpétuité, et l'autre sur autant pendant sa vie, en payant la rente que nous avons marquée ? De plus, celui qui tient la terre de mille arpens, n'a-t-il pas un droit de propriété sur tout ce que durant le tems prescrit, il gagne et acquiert, par son travail et son industrie, au-delà de la rente qu'il est obligé de payer, quand même il auroit acquis et gagné le double de la rente ? A-t-on raison de dire qu'un Roi ou un conquérant, après avoir accordé et stipulé ce qu'on vient de voir, peut, par son droit de conquête, prendre toute la terre, ou une partie, aux héritiers de l'un, ou à l'autre, durant sa vie, et pendant qu'il paie exactement la rente qui a été constituée ? Ou, peut-il prendre à l'un ou à l'autre, selon son bon plaisir, les biens ou l'argent, qu'il aura acquis ou gagné sur les arpens de terre mentionnés? S'il le peut, alors il faut que tous les contrats, que tous les traités, que toutes les conventions cessent dans le monde, comme des choses vaines et frivoles ; tout ce que les grands accorderont, ne sera qu'une chimère ; les promesses de ceux qui ont la suprême puissance, ne seront que moquerie et qu'illusion. Et peut-il y avoir rien de plus ridicule que de dire solemnellement, et de la manière du monde la plus propre à donner de la confiance et à assurer une possession : *je vous donne cela pour vous et pour les vôtres, à perpétuité*, et que cependant il faille entendre que celui qui parle de la sorte, a droit de reprendre le lendemain, s'il lui plaît, ce qu'il donne ?

XXI. Je ne veux point examiner à présent la question, *si les Princes sont exempts d'observer les loix de leur pays;* mais je suis sûr qu'ils sont obligés, et même bien étroitement d'observer les *loix de Dieu et de la nature*. Nul pouvoir ne sauroit jamais exempter de l'observation de ces loix éternelles. L'obligation qu'elles imposent, est si grande et si forte, que le Tout-Puissant lui-même ne peut en dispenser. Les accords, les traités, les alliances, les promesses, les sermens, sont des liens indissolubles pour le Très-Haut. Ne seront-ils donc pas aussi (malgré tout ce que disent les flatteurs aux Princes du monde), des liens indissolubles, et des choses d'une obligation indispensable pour des potentats, qui, joints tous ensemble avec tous leurs peuples, ne sont en comparaison du grand Dieu, que comme une *goutte qui tombe d'un seau, ou comme la poussière d'une balance* ?

XXII. Donc, pour revenir aux conquêtes, un conquérant, si sa cause est juste, a un droit despotique sur la personne de chacun de ceux qui sont entrés en guerre contre lui, ou ont concouru à la guerre qu'on lui a faite ; et peut, par le travail et les biens des vaincus, réparer le dommage qu'il a reçu, et les frais qu'il a faits, en sorte pourtant qu'il ne nuise point aux droits de personne. Pour ce qui regarde le reste des gens, savoir ceux qui n'ont point consenti et concouru à la guerre, et même les enfans des prisonniers ; et pour ce qui regarde aussi les possessions des uns et des autres, il n'a nul droit sur ces personnes, ni sur ces biens ; et, par conséquent, il ne sauroit, par voie et en vertu de sa conquête, avoir aucun droit de domination sur ces gens-là, ni le communiquer à sa postérité. S'il use de domination sur eux, et prend leurs biens, tout ce qui leur appartient, ou seulement quelque partie, il doit être considéré comme un agresseur et comme un homme qui s'est mis en *état de guerre* avec eux, et n'a pas un droit meilleur et mieux fondé que celui que *Hingar* et *Hubba*, Danois, ont eu sur l'*Angleterre*, ou que celui de *Spartacus*, qui conquit l'*Italie*. Aussi les peuples subjugués de la sorte n'attendent-ils jamais qu'une occasion favorable et le secours du Ciel, pour secouer le joug. Ainsi, malgré tout le droit que le Roi d'*Assyrie* prétendoit avoir sur la *Judée*, par la voie de son épée victorieuse, Dieu secourut puissamment *Ezéchias*, afin qu'il se délivrât de la domination du victorieux et du superbe empire de ce Monarque. *Et le Seigneur fut avec Ezéchias, qui réussit partout où il alla* (*) *Il se rebella contre le Roi des Assyriens, et il ne lui fut point assujéti.*

(*) *II. Rois XVIII*, 17.

Il paroît évidemment par là, qu'en secouant un pouvoir, que la force et la violence, n'ont le droit et la justice ont établi, quoique ceux qui en usent de la sorte soient traités de rebelles, on n'offense point Dieu. En cela, on ne fait que pratiquer ce que ce grand Dieu permet, approuve, autorise, quand même seroient intervenues des promesses et des conventions extorquées et arrachées de force. Si on lit attentivement l'histoire d'*Achaz* et d'*Ezéchias*, on pourra voir un exemple bien juste sur ce sujet, et autorisé par le Seigneur. Car, il est probable que les *Assyriens* subjuguèrent *Achaz* et le déposèrent et établirent Roi, *Ezéchias*, du tems durant la vie de son père; et qu'*Ezéchias* fut obligé de consentir à un traité, par lequel il s'engageoit à faire hommage au Roi d'*Assyrie*, et à lui payer tribut.

CHAPITRE XVI.

De l'Usurpation.

Ier. Comme une conquête peut être appelée une *usurpation* du dehors et étrangère, de même l'*usurpation* peut être nommée une *conquête domestique* ; avec cette différence, qu'une *usurpation* ne sauroit jamais avoir le droit de son côté, au lieu qu'un conquérant peut l'avoir, pourvu qu'il se contienne dans les bornes que la justice lui prescrit, et qu'il ne se saisisse pas des possessions et des biens auxquels d'autres ont droit. Quand les règles de l'équité sont observées, il peut bien y avoir changement de personnes et de conducteurs, mais non changement de forme et de loix dans le gouvernement ; car, si l'on étendoit son pouvoir au-delà du droit et de la justice, ce seroit joindre la tyrannie à l'*usurpation*.

II. Dans tous les gouvernemens légitimes, une partie considérable de la forme du gouvernement et des priviléges naturels et essentiels des peuples, c'est de désigner les personnes qui doivent gouverner. L'*anarchie* ne consiste pas seulement à n'avoir nulle forme de gouvernement et d'état, ou à être convenu qu'il seroit *monarchique*, mais à n'avoir établi aucun moyen pour désigner les personnes qui doivent être revêtues du pouvoir *monarchique*, ou de quelqu'autre. Ainsi, tous les véritables états ont, non-seulement une forme de gouvernement établie, mais encore des loix et réglemens pour désigner certaines personnes, et les revêtir de l'autorité publique; et quiconque entre dans l'exercice de quelque partie du pouvoir d'une société, par d'autres voies que celles que les loix prescrivent, ne peut prétendre d'être obéi, quoique la forme de gouvernement soit toujours conservée; puisqu'en ce cas, la personne qui gouverne n'a pas été désignée et nommée par les loix, et par conséquent par le peuple. Ni un tel usurpateur, ni aucun descendu de lui, ne sauroit avoir une domination juste et légitime, jusqu'à ce que le peuple ait eu la liberté de donner son consentement et l'ait actuellement donné, en sorte qu'il ait approuvé et confirmé l'autorité et l'exercice du pouvoir d'un tel homme, dont, sans cela, le pouvoir sera toujours un pouvoir usurpé et illégitime.

CHAPITRE XVII.

De la Tyrannie.

Ier. COMME l'usurpation est l'exercice d'un pouvoir auquel d'autres ont droit, *la tyran-*

nie est l'exercice d'un pouvoir outré, auquel, qui que ce soit, n'a droit assurément : ou bien, la tyrannie est l'usage d'un pouvoir dont on est revêtu, mais qu'on exerce, non pour le bien et l'avantage de ceux qui y sont soumis, mais pour son avantage propre et particulier ; et celui-là, quelque titre qu'on lui donne, et quelques belles raisons qu'on allègue, est véritablement *tyran*, qui propose, non les loix, mais sa volonté pour règle, et dont les ordres et les actions ne tendent pas à conserver ce qui appartient en propre à ceux qui sont sous sa domination, mais à satisfaire son ambition particulière, sa vengeance, son avarice, ou quelqu'autre passion déréglée.

II. Si quelqu'un croit pouvoir douter de la vérité et de la certitude de ce que j'avance, parce que celui qui le propose est un sujet et un sujet inconnu, et sur l'autorité duquel on ne voudroit pas s'appuyer ; j'espère que l'autorité d'un célèbre Roi l'engagera à en tomber d'accord : c'est du Roi Jacques dont j'entends parler. Voici de quelle manière il s'expliqua dans le discours qu'il fit au Parlement en 1603 : *Je préférerai toujours, en faisant de bonnes loix et des constitutions utiles, le bien public et l'avantage de tout l'Etat, à mes avantages propres et à mes intérêts particuliers* ; persuadé que je suis, que *l'avantage et le bien de l'Etat est mon plus grand avantage et ma félicité temporelle*, *et que c'est en ce point qu'un Roi légitime diffère entièrement d'un tyran.* En effet, il est certain que le principal et le plus grand point de différence qu'il y a entre un Roi juste, et un tyran et un usurpateur, consiste en ce qu'au lieu qu'un tyran superbe et ambitieux, s'imagine que son royaume et son peuple sont uniquement faits pour satisfaire ses desirs et ses appétits déréglés; un Roi juste et équitable se regarde, au contraire, comme établi pour faire ensorte que son peuple jouisse tranquillement de ses biens, et de ce qui lui appartient en propre. Et encore, dans le discours que ce sage Prince fit au Parlement en 1609, il s'exprima de cette sorte : *Le Roi s'oblige lui-même, par un double serment, à observer les loix fondamentales de son royaume : l'un est un serment tacite, qu'il fait en qualité de Roi, et par la nature de sa dignité, qui l'engage, et bien étroitement, à protéger et son peuple et les loix du royaume : l'autre est un serment exprès qu'il prête, le jour de son couronnement. De sorte que tout Roi juste, dans un royaume fondé, est obligé d'observer la paction qu'il a faite avec son peuple, de conformer son gouvernement aux loix, et d'agir suivant cette paction que Dieu fit avec Noé après le déluge. Désormais, le tems de semer et le tems de moissonner, le froid et le chaud, l'été et l'hiver, le jour et la nuit, ne cesseront point, pendant que la terre demeurera. Un Roi donc qui tient les rênes du gouvernement dans un royaume formé, cesse d'être Roi, et devient tyran dès qu'il cesse, dans son gouvernement, d'agir conformément aux loix. Et un peu après : Ainsi, tous les Rois qui ne sont pas tyrans ou parjures, seront bien aises de se contenir dans les limittes de leurs loix; et ceux qui leur persuadent le contraire, sont des vipères et une peste fatale, tant aux regard des Rois eux-mêmes, qu'au regard de l'Etat. Voilà la différence qu'un savant Roi, qui avoit l'esprit droit et de vraies notions des choses, met entre un Roi et un tyran, laquelle consiste en ce que l'un fait des loix et met des bornes à son pouvoir, et considère le bien public comme la fin de son gouvernement: l'autre, au contraire, suit entièrement sa* volonté particulière et ses passions déréglées.

III. C'est une erreur que de croire que ce désordre et ces défauts, qui viennent d'être marqués, ne se trouvent que dans les monarchies ; les autres formes de gouvernement n'y sont pas moins sujettes. Car, enfin, par-tout où les personnes qui sont élevées à la suprême puissance, pour la conduite d'un peuple et pour la conservation de ce qui lui appartient en propre, emploient leur pouvoir pour d'autres fins, appauvrissent, foulent, assujétissent à des commandemens arbitraires et irréguliers des gens qu'ils sont obligés de traiter d'une toute autre manière ; là, certainement, il y a *tyrannie*, soit qu'un seul homme soit revêtu du pouvoir, et agisse de la sorte, soit qu'il y en ait plusieurs. Ainsi, l'histoire nous parle de trente tyrans d'*Athènes*, aussi-bien que d'un de *Syracuse* ; et chacun sait que la domination des *Décemvirs* de *Rome* ne valoit pas mieux, et étoit une véritable *tyrannie*.

IV. Par-tout où les loix cessent, ou sont violées au préjudice d'autrui, la *tyrannie* commence et a lieu. Quiconque, revêtu d'autorité, excède le pouvoir qui lui a été donné par les loix, et emploie la force qui est en sa disposition à faire, à l'égard de ses sujets, des choses que les loix ne permettent point, est, sans doute, un *véritable tyran;* et comme il agit alors sans autorité, on peut s'opposer à lui tout de même qu'à tout autre qui envahiroit de force le droit d'autrui. Il n'y a personne qui ne reconnoisse qu'il est permis de s'opposer de la même manière à des magistrats subordonnés. Si un homme qui a eu commission de se saisir de ma personne dans les rues, entre de force dans ma maison et enfonce ma porte, j'ai droit de m'opposer à lui comme à un voleur, quoique je reconnoisse qu'il a pouvoir et reçu ordre de m'arrêter dehors. Or, je voudrois qu'on m'apprît pourquoi on n'en peut pas user de même à l'égard des Magistrats supérieurs et souverains, aussi-bien qu'à l'égard de ceux qui leur sont inférieurs ? Est-il raisonnable que l'aîné d'une famille, parce qu'il a la plus grande partie des biens de son père, ait droit par-là de ravir à ses frères leur portion ; ou qu'un homme riche, qui possède tout un pays, ait droit de se saisir, lorsqu'il lui plaira, de la chaumière ou du jardin de son pauvre prochain ? Bien loin qu'un pouvoir et des richesses immenses, et infiniment plus considérables que le pouvoir

pouvoir et les richesses de la plus grande partie des enfans d'*Adam*, puissent servir d'excuse, et sur-tout de fondement légitime pour justifier les rapines et l'oppression, qui consistent à préjudicier à autrui sans autorité : au contraire, ils ne font qu'aggraver la cruauté et l'injustice. Car, enfin, agir sans autorité, au-delà des bornes marquées, n'est pas un droit d'un grand plutôt que d'un petit officier, et ne paroît pas plus excusable dans un Roi que dans un Commissaire de quartier, ou dans un sergent : cela est même moins pardonnable dans ceux qui ont été revêtus d'un grand pouvoir, parce qu'on a pris en eux plus de confiance, qu'on a supposé que l'avantage de leur éducation, les soins de leurs gouverneurs, les lumières et l'habileté de leurs conseillers, leur donneroient plus d'intelligence et de capacité ; et qu'ayant reçu une beaucoup plus grande part que n'ont fait le reste de leurs frères, ils seroient plus en état de faire du bien.

V. Quoi, dira-t-on, on peut donc s'opposer aux commandemens et aux ordres d'un Prince ? On peut lui résister toutes les fois qu'on se croira maltraité, et qu'on s'imaginera qu'il n'a pas droit de faire ce qu'il fait ? S'il étoit permis d'en user de la sorte, toutes les sociétés seroient bientôt renversées et détruites ; et, au lieu de voir quelque gouvernement et quelqu'ordre, on ne verroit qu'anarchie et que confusion.

VI. Je réponds qu'on ne doit opposer la force qu'à la force *injuste* et *illégitime*, et à la *violence*; que quiconque résiste dans quelqu'autre cas, s'attire une juste condamnation, tant de la part de Dieu que de la part des hommes ; et qu'il ne s'ensuit point que toutes les fois qu'on s'opposera aux entreprises d'un Souverain, il en doive résulter des malheurs et de la confusion.

VII. Car, premièrement, comme dans quelque pays, la personne du Prince est sacrée par les loix ; il n'y a jamais à craindre pour elle aucune plainte, ni aucune violence, quelque chose qu'il commande ou qu'il fasse, et elle n'est sujette à nulle censure, ni à nulle condamnation : on peut seulement former des oppositions contre des actes illégitimes et illicites de quelque officier inférieur, ou de quelqu'autre qui aura été commis par le Prince : on peut, dis-je, en user de la sorte, et le Prince ne doit pas trouver mauvais qu'on le fasse, à moins qu'il n'ait dessein, en se mettant actuellement en *état de guerre* avec son peuple, de dissoudre le gouvernement, et ne l'oblige d'avoir recours à cette défense, qui appartient à tous ceux qui sont dans l'*état de nature*. Or, qui est capable de dire ce qui peut en arriver? Un Royaume voisin a fourni au monde, il y a long-tems, un fameux exemple sur ce sujet. Dans tous les autres cas, la personne sacrée du Prince est à l'abri de toutes sortes d'inconvéniens ; et tandis que le gouvernement subsiste, il n'a à craindre aucune violence, aucun mal ; et, certes, il ne peut y avoir une constitution et une pratique plus sage ; car le mal que peut faire un Prince par sa seule personne et par sa force particulière, ne sauroit vraisemblablement arriver souvent, ni s'étendre fort loin et renverser les loix, ou opprimer le corps du peuple ; à moins qu'un Prince ne fût extrêmement foible, ou extrêmement méchant. Et pour ce qui regarde quelques malheurs particuliers qui peuvent arriver, lorsqu'un Prince têtu et fâcheux est monté sur le trône, ils sont fort réparés et compensés par la paix publique et la sûreté du gouvernement, quand la personne du principal Magistrat est à couvert de tout danger: étant beaucoup plus avantageux et plus salutaire à tout le corps, que quelques particuliers soient quelquefois en danger de souffrir, que si le chef de la république étoit exposé facilement et sur le moindre sujet.

VIII. En second lieu, le privilége, dont nous parlons, ne regarde que la personne du Roi, et n'empêche point qu'on ne puisse se plaindre de ceux qui usent d'une force injuste, s'opposer à eux et leur résister, quoiqu'ils disent avoir reçu de lui leur commission. En effet, si quelqu'un a reçu ordre du Roi d'arrêter un homme, il ne s'ensuit point qu'il ait droit d'enfoncer la porte de sa maison pour se saisir de lui, ni d'exécuter sa commission dans de certains jours, ni dans de certains lieux, bien que cette exception-là ne soit pas mentionnée dans la commission : il suffit que les loix la fassent, pour qu'on soit obligé de s'y conformer exactement ; et rien ne peut excuser ceux qui vont au-delà des bornes qu'elles ont marquées. En effet, le Roi tenant des loix, toute son autorité, ne peut autoriser aucun acte qui soit contraire à ces loix, ni justifier, par sa commission, ceux qui les violent. La commission ou l'ordre d'un Magistrat qui entreprend au-delà du pouvoir qui lui a été commis, n'est pas plus considérable que celle d'un particulier. La seule différence qui se trouve entre l'une et l'autre, consiste en ce que le Magistrat a quelque autorité, a une certaine étendue pour certaines fins, et qu'un particulier n'en a point du tout. Après tout, ce n'est point la commission, mais l'autorité qui donne droit d'agir; et il ne sauroit y avoir d'autorité contre les loix. Du reste, nonobstant cette résistance qu'on peut faire dans le cas proposé, la personne et l'autorité du Roi sont toujours toutes deux en sûreté et à couvert; et, par ce moyen, ni celui qui gouverne, ni le gouvernement ne sont exposés à quelques dangers.

IX. En troisième lieu, supposons un gouvernement où la personne du principal Magistrat ne soit pas sacrée de la manière que nous venons de dire, il ne s'ensuit pas que, quoiqu'on puisse légitimement résister à l'exercice illégitime du pouvoir de ce Magistrat, on doive, sur le moindre sujet, mettre sa personne en danger, et brouiller le gouvernement. Car, lorsque la partie offensée peut, en appelant aux loix, être rétablie, et faire réparer le dommage qu'elle a reçu, il n'y a rien alors qui puisse servir de prétexte à la force, laquelle on n'a droit d'employer que quand on est empêché d'appeler aux loix; et rien ne doit être regardé comme une violence et une hostilité, que ce qui ne permet pas un tel appel. C'est cela précisément qui met dans *l'état de guerre* celui qui empêche d'appeler aux loix; et c'est ce qui rend aussi justes et légitimes les actions de ceux qui lui résistent. Un homme, l'épée à la main, me demande la bourse sur un grand chemin, dans le tems que je n'ai peut-être pas un sol dans ma bourse, je puis, sans doute, légitimement tuer un tel homme. Je remets entre les mains d'un autre, cent livres, afin qu'il me les garde, tandis que je mets pied à terre. Quand ensuite je les lui redemande, il refuse de me les rendre, et met l'épée à la main pour défendre, par la force, ce dont il est en possession, et que je tâche de recouvrer. Le préjudice que ce dernier me cause, est cent fois, ou peut-être mille fois plus grand que celui qui a eu dessein de me causer le premier, c'est-à-dire, ce voleur que j'ai tué avant qu'il m'eût fait aucun mal réel. Cependant, je puis, avec justice, tuer l'un, et je ne saurois légitimement blesser l'autre. La raison de cela est palpable, c'est que l'un usant d'une violence qui menace ma vie, je ne puis avoir le tems d'appeler aux loix pour la mettre en sûreté ; et quand la vie m'auroit été ôtée, il seroit trop tard pour recourir aux loix, lesquelles ne sauroient me rendre ce que j'aurois perdu, et ranimer mon cadavre. Ce seroit une perte irréparable, que les *loix de la nature* m'ont donné droit de prévenir, en détruisant celui qui s'est mis avec moi dans un *état de guerre*, et qui me menace de destruction. Mais dans l'autre cas, ma vie, n'étant pas en danger, je puis appeler aux loix, et recevoir satisfaction au sujet de mes cent livres.

X. En quatrième lieu, si un Magistrat appuyoit de son pouvoir des actes illicites, et qu'il se servît de son autorité pour rendre inutile le remède permis et ordonné par les loix, il ne faudroit pourtant point user du droit qu'on a de résister ; il ne faudroit point, dis-je, à l'égard même d'actes manifestes de tyrannie, user d'abord de ce droit, et troubler le gouvernement pour des sujets de peu d'importance. Car, si ce dont il est question, ne regarde que quelques particuliers ; bien qu'ils aient droit de se défendre, et de tâcher de recouvrer par force, ce qui, par une force injuste, leur a été ravi, néanmoins le droit qu'ils ont de pratiquer cela, ne doit pas facilement les engager dans une contestation, dans laquelle ils ne pourroient que périr; étant aussi impossible à une personne, ou à peu de personnes, de troubler et renverser le gouvernement, lorsque le corps du peuple ne s'y croit pas intéressé, qu'il l'est à un fou et à un homme furieux, ou à un homme opiniâtre et mécontent, de renverser un état bien affermi; le peuple est aussi peu disposé à suivre les uns que les autres.

XI. Mais si le procédé injuste du Prince ou du Magistrat s'est étendu jusqu'au plus grand nombre des membres de la société, et a attaqué le corps du peuple; ou si l'injustice et l'oppression n'est tombée que sur peu de personnes, mais à l'égard de certaines choses qui sont de la dernière conséquence, ensorte que tous soient persuadés, en leur conscience, que *leurs loix, leurs biens, leurs libertés, leurs vies sont en danger, et peut-être même leur religion*, je ne saurois dire que ces sortes de gens ne doivent pas résister à une force si illicite dont on use contre eux. C'est un inconvénient, je l'avoue, qui regarde tous les gouvernemens, dans lesquels les conducteurs sont devenus généralement suspects à leur peuple, et il ne sauroit y avoir d'état plus dangereux pour ceux qui tiennent les rênes du gouvernement, mais où ils soient moins à plaindre, parce qu'il leur étoit facile d'éviter un tel état ; car, il est impossible qu'un Prince ou un Magistrat, s'il n'a en vue que le bien de son peuple et la conservation de ses sujets et de leurs loix, ne le fasse connoître et sentir ; tout de même qu'il est impossible qu'un père de famille ne fasse remarquer à ses enfans, par sa conduite, qu'il les aime et prend soin d'eux.

XII. Si tout le monde observe que les prétextes qu'on allègue pour justifier une conduite, sont entièrement opposés aux *actions et aux démarches de ceux qui les* allèguent; qu'on emploie tout ce que l'adresse, l'artifice et la subtilité ont de plus fort, pour éluder les loix ; qu'on se sert du crédit et de l'avantage de la *prérogative* (*), d'une manière contraire à la fin pour laquelle elle a été accordée ; qu'on choisit des

---

(*) On a expliqué ci-devant, Ch. XIII, §. 2, ce qu'on entend par *prérogative*.

Ministres et des Magistrats subordonnés, qui sont propres à conduire les choses à un point funeste et infiniment nuisible à la nation ; et qu'ils sont en faveur plus ou moins, à proportion des soins qu'ils prennent et du zèle qu'ils témoignent, à l'égard de cette fin que le Prince se propose ; que déjà le pouvoir arbitraire a produit des effets très-fâcheux ; qu'on favorise sous main une religion que les loix proscrivent ; qu'on est tout prêt à l'introduire et à l'établir solemnellement par-tout ; que ceux qui travaillent à cela sont appuyés, autant qu'il est possible ; qu'on exalte cette religion, et qu'on la propose comme la meilleure ; qu'une longue suite d'actions montrent que toutes les délibérations du conseil tendent-là ; qui est-ce alors qui peut s'empêcher d'être convaincu, en sa conscience, que la nation est exposée à de grands périls, et qu'on doit penser tout de bon à sa sûreté et à son salut ? En cette occasion, on est aussi bien fondé, que le seroient des gens, qui se trouvant dans un vaisseau, croiroient que le capitaine a dessein de les mener à *Alger*, parce qu'ils remarqueroient qu'il en tiendroit toujours la route, quoique les vents contraires, le besoin que son vaisseau auroit d'être radoubé, le défaut d'hommes, et la disette de provisions le contraignissent souvent de changer de route pour quelque tems; et que dès que les vents, l'eau, et les autres choses le lui permettroient, il reprendroit sa première route, et feroit voile vers cette malheureuse terre où règne l'esclavage.

CHAPITRE XVIII.

De la dissolution des Gouvernemens.

Ier. SI l'on veut parler, avec quelque clarté, de la dissolution des gouvernemens, il faut, avant toutes choses, distinguer entre la dissolution de la société, et la dissolution du gouvernement. Ce qui forme une communauté, et tire les gens de la liberté de *l'état de nature*, afin qu'ils composent une société politique, c'est le consentement que chacun donne pour s'incorporer et agir avec les autres comme un seul et même corps, et former un état distinct et séparé. La voie ordinaire, qui est presque la seule voie par laquelle cette union se dissout, c'est l'invasion d'une force étrangère qui subjugue ceux qui se trouvent unis en société. Car, en cette rencontre, ces gens unis n'étant pas capables de se défendre, de se soutenir, de demeurer un corps entier et indépendant, l'union de ce corps doit nécessairement cesser, et chacun est contraint de retourner dans l'état où il étoit auparavant, de reprendre la *liberté* qu'il avoit, et de songer désormais et pourvoir à sa sûreté particulière, comme il juge à propos, en entrant dans quelqu'autre société. Quand une société est dissoute, il est certain que le gouvernement de cette société ne subsiste pas davantage. Ainsi, l'épée d'un conquérant détruit souvent, renverse, confond toutes choses, et par elle le gouvernement et la société, sont mis en pièces, parce que ceux qui sont subjugés sont privés de la protection de cette société dont ils dépendoient, et qui étoit destinée à les conserver et à les défendre contre la violence. Tout le monde n'est que trop instruit sur cette matière, et l'on est trop éloigné d'approuver une telle voie de dissoudre les gouvernemens, pour qu'il soit nécessaire de s'étendre sur ce sujet. Il ne manque pas d'argumens et de preuves, pour faire voir que lorsque la société est dissoute, le gouvernement ne sauroit subsister; cela étant aussi impossible, qu'il l'est, que la structure d'une maison subsiste, après que les matériaux, dont elle avoit été construite, ont été séparés les uns des autres, et mis en désordre par un tourbillon, ou ont été mêlés et confondus les uns avec les autres en un monceau par un tremblement de terre.

II. Outre ce renversement causé par les gens de dehors, *les gouvernemens peuvent être dissous par des désordres arrivés au-dedans.*

Premièrement, cette dissolution peut arriver lorsque la *puissance législative* est altérée. Car, la société civile est un état de paix pour ceux qui en sont membres; on en a entièrement exclus l'*état de guerre*; on a pourvu, par l'établissement de la *puissance législative*, à tous les désordres intérieurs, à tous les différends, et à tous les procès qui pourroient s'élever entre ceux qui composent une même communauté. Il a été arrêté, par le moyen du *pouvoir législatif*, que les membres de l'état seroient unis, composeroient un même corps, et vivroient dans la possession paisible de ce qui leur appartient. *La puissance législative est donc l'ame du corps politique; c'est d'elle que tous les membres de l'état tirent tout ce qui leur est nécessaire pour leur conservation, pour leur union, et pour leur bonheur.* Tellement que quand le *pouvoir législatif* est ruiné ou dissous, la dissolution, la mort de tout le corps politique s'ensuit. En effet, l'*essence et l'union d'une société* consistant à n'avoir qu'une même volonté et qu'un même esprit; le *pouvoir législatif* a été établi par le plus grand nombre, pour être l'interprète et comme le gardien de cette volonté et de cet esprit. L'établissement du *pouvoir législatif* est le premier et fondamental acte de la société, par lequel on a pourvu à la continuation de l'union de tous les membres, sous la direction de certaines personnes, et des loix faites par ces personnes que le peuple a revêtues d'autorité, mais de cette autorité, sans laquelle qui que ce soit n'a droit de faire des loix et de les proposer à observer. Quand un homme ou plusieurs entreprennent de faire des loix, quoiqu'ils n'aient reçu du peuple aucune commission pour cela, ils font des loix sans autorité, des loix par conséquent auxquelles le peuple n'est point tenu d'obéir; au contraire, une semblable entreprise rompt tous les liens de la sujétion et de la dépendance, s'il y en avoit auparavant, et fait qu'on est en droit d'établir une nouvelle *puissance législative*, comme on trouve à propos ; et qu'on peut, avec une liberté entière, résister à ceux qui, sans autorité, veulent imposer un joug fâcheux, et assujétir à des choses contraires aux loix et à l'avantage de l'état. Chacun est maître, sans doute, et peut disposer de sa volonté particulière, lorsque ceux qui, par le desir et le consentement de la société ont été établis pour être les interprêtes et les gardiens de la volonté publique, n'ont pas la liberté d'agir comme ils souhaiteroient, et conformément à leur commission ; et que d'autres usurpent leur autorité, et se portent à faire des loix et des réglemens, sans en avoir reçu le pouvoir.

III. Voila comme les choses arrivent d'ordinaire dans les Etats, quand ceux qui ont été revêtus d'autorité abusent de leur pouvoir. Du reste, il n'est pas aisé de considérer ces sortes de cas comme il faut et sans se tromper, à moins qu'on n'ait une idée distincte de la forme de gouvernement dont il est question. Supposons donc un Etat où,

1º. Une seule personne ait toujours le

pouvoir suprême et le droit héréditaire de faire exécuter les loix, de convoquer et de dissoudre, en certains tems, l'assemblée qui a l'*autorité législative* :

2°. Où il y ait de la noblesse, à qui sa naissance donne droit d'assister à cette assemblée et d'en être membre :

3°. Où il y ait des gens assemblés qui représentent le peuple, pour un certain tems.

IV. Cela étant supposé, il est évident, premièrement, que lorsque cette seule personne, ou ce Prince, dont il vient d'être fait mention, met sa volonté arbitraire en la place des loix, qui sont la volonté de la société, déclarée par le *pouvoir législatif*, le *pouvoir législatif est changé*; car cette assemblée, dont les réglemens et les loix doivent être exécutés, étant véritablement le *pouvoir législatif*, si l'on substitue et appuie d'autres loix et d'autres réglemens que ceux qui ont été faits par ce *pouvoir législatif*, que la société a établi, il est manifeste que le *pouvoir législatif est changé*. Quiconque introduit de nouvelles loix, n'ayant point reçu de pouvoir pour cela, par la constitution fondamentale de la société, ou qu'il renverse les loix anciennes, il méprise et renverse en même-tems le pouvoir par lequel elles avoient été faites, et substitue *une nouvelle puissance législative*.

V. En second lieu, lorsque le Prince empêche que les membres du *corps législatif* ne s'assemblent dans le tems qu'il faut, ou que l'assemblée *législative* n'agisse avec *liberté*, et conformément aux fins pour lesquelles elle a été établie, le *pouvoir législatif est altéré*. Car afin que le *pouvoir législatif* soit en son entier, il ne suffit pas qu'il y ait un certain nombre d'hommes convoqués et assemblés ; il faut de plus, que ces personnes assemblées aient la *liberté* et le loisir d'examiner et de finir ce qui concerne le bien de l'Etat : autrement, si on les empêche d'exercer duement leur pouvoir, il est très-vrai que le *pouvoir législatif* est altéré. Ce n'est point un nom qui constitue un gouvernement, mais bien l'usage et l'exercice de ces *pouvoirs* qui ont été établis : de sorte que celui qui ôte la *liberté*, ou ne permet pas que l'assemblée *législative* agisse dans le tems qu'il faudroit, *détruit effectivement l'autorité législative* et met fin au *gouvernement*.

VI. En troisième lieu, lorsque le Prince,

par son *pouvoir arbitraire*, sans le *consentement du peuple* et contre les intérêts de l'Etat, change ceux qui élisent les membres de l'assemblée *législative*, ou la manière de procéder à cette élection, le *pouvoir législatif est aussi changé*. En effet, si le Prince fait choisir d'autres que ceux qui sont autorisés par la société, ou si l'on procède à l'élection d'une manière différente de celle que la société a prescrite, certainement ceux qui sont élus et assemblés de la sorte, ne sont point cette assemblée *législative*, qui a été désignée établit par le peuple.

VII. En quatrième lieu, lorsque le peuple est livré et assujéti à une puissance étrangère, soit par le Prince, soit par l'assemblée *législative*, le *pouvoir législatif est assurément changé et le gouvernement est dissous*. Car la fin pour laquelle le peuple est entrée en société, étant de composer une société entière, *libre*, *indépendante*, gouvernée par ses propres loix; rien de tout cela ne subsiste, dès que ce peuple est livré à un autre pouvoir, à un *pouvoir étranger*.

VIII. Or, il est évident que dans un Etat constitué de la manière que nous avons dit, *la dissolution du gouvernement*, dans les cas que nous venons de marquer, doit être imputée au Prince ; car le Prince ayant à sa disposition les forces, les trésors, et les charges de l'Etat, et se persuadant lui-même, ou se laissant persuader par ses flatteurs, qu'un Souverain ne doit être sujet à aucun examen, et qu'il n'est permis à personne, quelques spécieuses raisons qu'il puisse alléguer, de trouver à redire à sa conduite ; lui seul est capable de donner lieu à ces sortes de changemens, dont il a été parlé, et de les produire sous le prétexte d'une autorité légitime, et par le moyen de ce pouvoir qu'il a entre les mains, et avec lequel il peut épouvanter ou accabler ceux qui s'opposent à lui, et les détruire comme des factieux, des séditieux, et des ennemis du gouvernement : pour ce qui regarde les autres parties de *l'autorité législative* et le peuple, il n'y a pas grand'chose à craindre d'eux, puisqu'ils ne sauroient entreprendre de changer la *puissance législative* sans une rébellion visible, ouverte et éclatante. D'ailleurs, le Prince ayant le pouvoir de dissoudre les autres parties de la *puissance législative*, et de rendre ainsi ceux qui sont membres de l'assemblée, de *législateurs*, des personnes privées ; ils ne sauroient jamais, en s'opposant à lui, ou sans son secours et son approbation, altérer par des loix, le *pouvoir législatif*; le consentement du Prince étant nécessaire, afin que les décrets et les actes de leur assemblée soient valables. Après tout, autant que les autres parties du *pouvoir législatif* contribuent, en quelque façon, aux changemens qu'on veut introduire dans le gouvernement établi, et favorisent le dessein de ceux qui entreprennent de faire ces changemens-là, autant participent-ils à leur injustice et se rendent-ils coupables du plus grand crime que des gens puissent commettre contre d'autres.

IX. Il y a encore une voie par laquelle le gouvernement, que nous avons posé, peut se dissoudre; c'est celle qui paroît manifestement, lorsque celui qui a le *pouvoir suprême et exécutif* néglige ou abandonne son emploi, ensorte que les loix déjà faites ne puissent plus être mises en exécution : c'est visiblement réduire tout à l'*anarchie* et dissoudre le gouvernement. Car, enfin, les loix ne sont pas faites pour elles-mêmes; elles n'ont été faites que pour être exécutées, et être les liens de la société, dont elles contiennent chaque partie dans sa place et dans sa fonction. Tellement que dès que tout cela vient à cesser, le gouvernement cesse aussi en même-tems, et le peuple devient une multitude confuse, sans ordre et sans liaison. Quand la justice n'est plus administrée, que, par conséquent, les droits de chacun ne sont plus en sûreté et qu'il ne reste aucun pouvoir dans la communauté qui ait soin des forces de l'Etat, ou qui soit en état de pourvoir aux besoins du peuple, alors il ne reste plus de gouvernement. Si les loix ne peuvent être exécutées, c'est comme s'il n'y en avoit point ; et un gouvernement *sans loix*, est, à mon avis, un mystère dans la politique, inconcevable à l'esprit de l'homme, et incompatible avec la société humaine.

X. Dans ces cas, et dans d'autres semblables, lorsque le *gouvernement est dissous*, le peuple est rentré dans la liberté et dans le plein droit de pourvoir à ses besoins, en érigeant une nouvelle *autorité législative*, par le changement des personnes, ou de la forme, ou des personnes et de la forme tout ensemble, selon que la société le jugera nécessaire pour sa sûreté et pour son avantage. En effet, il n'est point juste que la société perde, par la faute d'autrui, le droit originaire qu'elle a de se conserver : or, elle ne sauroit se conserver que par le moyen du *pouvoir législatif* établi, et par une libre et juste exécution des loix faites par ce pouvoir. Et dire, que le *peuple doit songer à sa conservation*, et ériger une nouvelle *puissance législative*, lorsque, par oppression, ou par artifice, ou parce qu'il est livré à une puissance étrangère, son ancienne *puissance législative* est perdue et subjuguée; c'est tout de même que si l'on disoit que le peuple doit attendre sa délivrance et son rétablissement, lorsqu'il est trop tard pour y penser, et que le mal est sans remède; et l'on parleroit comme feroient des gens qui conseilleroient à d'autres de se laisser rendre *esclaves*, et de penser ensuite à leur *liberté*, et qui, dans le tems que des *esclaves* seroient chargés de chaînes, exhorteroient ces malheureux à agir comme des *hommes libres*. Certainement, des discours de cette nature seroient plutôt une moquerie qu'une consolation; et l'on ne sera jamais à couvert de la *tyrannie*, s'il n'y a d'autre moyen de s'en délivrer, que lorsqu'on lui est entièrement assujéti. C'est pourquoi on a droit, non-seulement de se délivrer de la *tyrannie*, mais encore de la prévenir.

XI. Ainsi, *les gouvernemens peuvent se*

dissoudre par une seconde voie ; savoir, quand le *pouvoir législatif*, ou le Prince, agit d'une manière contraire à la confiance qu'on avoit prise en lui, et au pouvoir qu'on lui avoit commis. Le *pouvoir législatif* agit au-delà de l'autorité qui lui a été commise, et d'une manière contraire à la confiance qu'on a prise en lui ; premièrement, lorsque ceux qui sont revêtus de ce pouvoir, tâchent d'envahir les biens des sujets, et de se rendre maîtres et arbitres absolus de quelque partie considérable des choses qui appartiennent en propre à la communauté, des vies, des libertés et des richesses du peuple.

XII. La raison pour laquelle on entre dans une société politique, c'est de conserver ses biens propres ; et la fin pour laquelle on choisit et revêt de l'*autorité législative* certaines personnes, c'est d'avoir des loix et des règlemens qui protègent et conservent ce qui appartient en propre à toute la société, et qui limitent le pouvoir et tempèrent la domination de chaque membre de l'état. Car, puisqu'on ne sauroit jamais supposer que la volonté de la société soit, que la *puissance législative* ait le pouvoir de détruire ce que chacun a eu dessein de mettre en sûreté et à couvert, en entrant dans une société, et ce pourquoi le peuple s'est soumis aux législateurs qu'il a créés lui-même ; quand *les législateurs s'efforcent de ravir et de détruire les choses qui appartiennent en propre au peuple, ou de le réduire dans l'esclavage*, sous un pouvoir arbitraire, ils se mettent dans l'*état de guerre* avec le peuple, qui dès-lors est absous et exempt de toute sorte d'obéissance à leur égard, et a droit de recourir à ce commun refuge que Dieu a destiné pour tous les hommes, contre la force et la violence. Toutes les fois donc que la *puissance législative* violera cette règle fondamentale de la société, et soit par ambition, ou par crainte, ou par folie, ou par déréglement et par corruption, tâchera de se mettre, ou de mettre d'autres en possession d'un pouvoir absolu sur les vies, sur les libertés, et sur les biens du peuple, par cette brèche qu'elle fera à son crédit et à la confiance qu'on avoit prise en elle, elle perdra entièrement le pouvoir que le peuple lui avoit remis pour des fins directement opposées à celles qu'elle s'est proposées, et il est dévolu au peuple qui a droit de reprendre sa liberté originaire, et par l'établissement d'une nouvelle *autorité législative*, telle qu'il jugera à propos, de pourvoir à sa propre conservation, et à sa propre sûreté, qui est la fin qu'on se propose quand on forme une société politique. Or, ce que j'ai dit, en général, touchant le *pouvoir législatif*, regarde aussi la personne de celui qui est revêtu du *pouvoir exécutif*, et qui ayant deux avantages très-considérables ; l'un, d'avoir sa part de l'*autorité législative* ; l'autre, de faire souverainement exécuter les loix, se rend doublement et extrêmement coupable, lorsqu'il entreprend de substituer sa volonté arbitraire aux loix de la société. Il agit aussi d'une manière contraire à son crédit, à sa commission et à la confiance publique, quand il emploie les forces, les trésors, les charges de la société, pour corrompre les membres de l'*assemblée représentative*, et les gagner en faveur de ses vues et de ses intérêts particuliers ; quand il agit par avance et sous main auprès de ceux qui doivent élire les membres de cette assemblée, et qu'il leur prescrit d'élire ceux qu'il a rendus, par ses sollicitations, par ses menaces, par ses promesses, favorables à ses desseins, et qui lui ont promis déjà d'opiner de la manière qu'il lui plairoit. En effet, disposer les choses de la sorte, n'est-ce pas dresser un nouveau modèle d'élection, et par-là renverser de fond en comble le gouvernement, et empoisonner la source de la sûreté et de la félicité publique ? Après tout, le peuple s'étant réservé le privilége d'élire ceux qui doivent le représenter, comme un rempart qui met à couvert les biens propres des sujets, il ne sauroit avoir eu d'autre but que de faire ensorte que les membres de *l'assemblée législative* fussent élus librement, et qu'étant élus librement, ils pussent agir aussi et opiner librement, examiner bien toutes choses, et délibérer mûrement et d'une manière conforme aux besoins de l'état et au bien public. Mais ceux qui donnent leurs suffrages avant qu'ils aient entendu opiner et raisonner les autres, et aient pesé les raisons de tous, ne sont point capables, sans doute, d'un examen et d'une délibération de cette sorte. Or, quand celui qui a le *pouvoir exécutif*, dispose, comme on vient de dire, de l'assemblée des législateurs, certainement il fait une terrible brèche à son crédit et à son autorité ; et sa conduite ne sauroit être envisagée que comme une pleine déclaration d'un dessein formé de renverser le gouvernement. A quoi, si l'on ajoute les récompenses et les punitions employées visiblement pour la même fin, et tout ce que l'artifice et l'adresse ont de plus puissant, mis en usage pour corrompre les loix et les détruire, et perdre tous ceux qui s'opposent au dessein funeste qui a été formé, et ne veulent point trahir leur patrie et vendre, à beaux deniers comptans, ses libertés ; on ne sera point en peine de savoir ce qu'il est expédient et juste de pratiquer en cette rencontre. Il est aisé de comprendre quel pouvoir ceux-là doivent avoir dans la société, qui se servent de leur autorité pour des fins tout-à-fait opposées à sa première institution ; et il n'y a personne qui ne voie que celui qui a une fois entrepris et exécuté les choses que nous venons de voir, ne doit pas jouir long-tems de son crédit et de son autorité.

XIII. On objectera peut-être à ceci que le peuple étant ignorant, et toujours peu content de sa condition, ce seroit exposer l'état à une ruine certaine, que de faire dépendre la forme de gouvernement et l'*autorité suprême*, de l'opinion inconstante et de l'humeur incertaine du peuple, et que *les gouvernemens ne subsisteroient pas long-tems*, sans doute, s'il lui étoit permis, dès qu'il croiroit avoir été offensé, d'établir une nouvelle *puissance législative*. Je réponds, au contraire, qu'il est très-difficile de porter le peuple à changer la forme de gouvernement à laquelle il est accoutumé ; et que s'il y avoit dans cette forme quelques défauts originaires, ou qui auroient été introduits par le tems, ou par la corruption et les déréglemens du vice, il ne seroit pas aussi aisé qu'on pourroit croire, de l'engager à vouloir remédier à ces défauts et à ces désordres, quand même tout le monde verroit que l'occasion seroit propre et favorable.

L'aversion que le peuple a pour ces sortes de changemens, et le peu de disposition qu'il a naturellement à abandonner ses anciennes constitutions, ont assez paru dans les diverses révolutions qui sont arrivées en *Angleterre*, et dans ce siècle, et dans les précédens. Malgré toutes les entreprises injustes des uns et les mécontentemens justes des autres, et après quelques brouilleries, l'*Angleterre* a toujours conservé la même forme de gouvernement, et a voulu que le *pouvoir suprême* fût exercé par le Roi et par le parlement, selon l'ancienne coutume. Et ce qu'il y a de bien remarquable encore, c'est que, quoique les Rois aient souvent donné grands sujets de mécontentement et de plainte, on n'a jamais pu porter le peuple à abolir pour toujours la royauté, ni à transporter la couronne à une autre famille.

XIV. Mais du moins, dira-t-on, *cette hypothèse est toute propre à produire* des fréquentes rebellions. Je réponds, premièrement, que cette hypothèse n'est pas plus propre à cela qu'un autre. En effet, lorsqu'un peuple a été rendu misérable, et *se voit exposé aux effets funestes du pouvoir arbitraire*, il est aussi disposé à se soulever, dès que l'occasion se présentera, que puisse être un autre qui vit sous certaines loix, qu'il ne veut pas souffrir qu'on viole. Qu'on élève les Rois autant que l'on voudra; qu'on leur donne tous les titres magnifiques et pompeux qu'on a coutume de leur donner; qu'on dise mille belles choses de leurs personnes sacrées; qu'on parle d'eux comme d'hommes divins, descendus du Ciel et dépendans de Dieu seul: *un peuple généralement maltraité* contre tout droit, n'a garde de laisser passer une occasion dans laquelle il peut se délivrer de ses misères, et secouer le pesant joug qu'on lui a imposé avec tant d'injustice. Il fait plus, il desire, il recherche des moyens qui puissent mettre fin à ses maux : et comme les choses humaines sont sujettes à une grande inconstance, les affaires ne tardent guère à tourner de sorte qu'on puisse se délivrer de *l'esclavage*. Il n'est pas nécessaire d'avoir vécu long-tems, pour avoir vu des exemples de ce que je dis : ce tems-ci en fournit de considérables ; et il ne faut être guère versé dans l'histoire, si l'on n'en peut produire de semblables, à l'égard de toutes les sortes de gouvernemens qui ont été dans le monde.

XV. En second lieu, je réponds que *les révolutions, dont il s'agit, n'arrivent pas dans un état pour de légères fautes commises dans l'administration des affaires publiques.* Le peuple en supporte même de très-grandes, il tolère certaines loix injustes et fâcheuses, il souffre généralement tout ce que la fragilité humaine fait pratiquer de mauvais à des Princes, qui, d'ailleurs, n'ont pas de mauvais desseins. Mais si une longue suite d'abus, de prévarications et d'artifices, qui tendent à une même fin, donnent à entendre manifestement à un peuple, et lui font sentir qu'on a formé des dessein funestes contre lui, et qu'il est exposé au plus grands dangers; alors, il ne faut point s'étonner s'il se soulève, et s'il s'efforce de remettre les rênes du gouvernement entre des mains qui puissent le mettre en sûreté, conformément aux fins pour lesquelles le gouvernement a été établi, et sans lesquelles, quelques beaux noms qu'on donne à des sociétés politiques, et quelques considérables que paroissent être leurs formes, bien loin d'être préférables à d'autres qui sont gouvernées selon ces fins, elles ne valent pas *l'état de nature*, ou une pure *anarchie*; les inconvéniens se trouvant aussi grands des deux côtés; mais le remède à ces inconvéniens étant beaucoup plus facile à trouver dans *l'état de nature* où dans *l'anarchie*.

XVI. En troisième lieu, je réponds que le pouvoir que le peuple a de pourvoir de nouveau à sa sûreté, en établissant une nouvelle *puissance législative*, quand ses législateurs ont administré le gouvernement d'une manière contraire à leurs engagemens et à leurs obligations indispensables, et ont envahi ce qui lui appartenoit en propre, *est le plus fort rempart qu'on puisse opposer à la rebellion*, et le meilleur moyen dont on soit capable de se servir pour la prévenir et y remédier. En effet, la rebellion étant une action par laquelle on s'oppose, non aux personnes, mais à l'autorité qui est fondée uniquement sur les constitutions et les loix du gouvernement, tous ceux, quels qu'ils soient, qui par force enfreignent ces loix, et justifient par force la violation de ces loix inviolables, sont véritablement et proprement des rebelles. Car enfin, lorsque des gens sont entrés dans une société politique, ils en ont exclus la violence, et y ont établi des loix pour la conservation des choses qui leur appartenoient en propre, pour la paix et l'union entre eux ; de sorte que ceux qui viennent ensuite à employer la force pour s'opposer aux loix, font *rebellare*, c'est à-dire, qu'ils réintroduisent l'*état de guerre*, et méritent proprement le nom de *rebelles*. Or, parce que les Princes qui sont revêtus d'un grand pouvoir, qui se voient une autorité suprême, qui ont entre leurs mains les forces de l'état, et qui sont environnés de flatteurs, sont fort disposés à croire qu'ils ont droit de violer les loix, et s'exposent par-là à de grandes infortunes ; le véritable moyen de prévenir toutes sortes d'inconvéniens et de malheurs, c'est de leur

bien

bien représenter l'injustice qu'il y a à violer les loix de la société ; et de leur faire bien voir les dangers terribles auxquels ils s'exposent par une conduite opposée à la conduite que ces loix exigent.

XVII. DANS ces sortes de cas, dont nous venons de parler, dans l'un desquels la *puissance législative* est changée, et dans l'autre les législateurs agissent d'une manière contraire à la fin pour laquelle ils ont été établis, ceux qui se trouvent coupables, sont coupables de rebellion. En effet, si quelqu'un détruit par la force la *puissance législative* d'une société, et renverse les loix faites par cette puissance qui a reçu autorité à cet effet, il détruit en même-tems l'arbitrage, auquel chacun avoit consenti, afin que tous les différends pussent être terminés à l'amiable, et il introduit l'*état de guerre*. Ceux qui abolissent, ou changent la *puissance législative*, ravissent et usurpent ce *pouvoir décisif*, que personne ne sauroit avoir que *par la volonté et le consentement du peuple* ; et, par ce moyen, ils détruisent et foulent aux pieds l'autorité que le peuple a établie, et que nul autre n'est en droit d'établir : et introduisant un pouvoir que le peuple n'a point autorisé, ils introduisent actuellement l'*état de guerre*, c'est-à-dire, un état de force sans autorité. Ainsi, détruisant la *puissance législative* établie par la société, et aux décisions de laquelle le peuple acquiesçoit et s'attachoit comme à ses propres décisions et comme à ce qui tenoit unis et en bon état tous les membres du corps politique, ils rompent ces liens sacrés de la société, exposent derechef le peuple à l'*état de guerre*. Que si ceux qui, par force, renversent l'*autorité législative*, sont des rebelles, les législateurs eux-mêmes, ainsi qu'il a été montré, méritent de n'être pas qualifiés autrement, dès qu'après avoir été établis pour protéger le peuple, pour défendre et conserver ses libertés, ses biens, toutes les choses qui lui appartiennent en propre, ils les envahissent eux-mêmes, et les leur ravissent. S'étant mis de la sorte en *état de guerre* avec ceux qui les avoient établis leurs protecteurs, et comme les gardiens de leur paix, ils sont certainement, et plus qu'on ne sauroit exprimer, *rebellantes*, des rebelles.

XVIII. Mais si ceux qui objectent que ce que nous avons dit *est propre à produire des rebellions*, entendent par-là, qu'enseigner aux peuples, qu'ils sont absous du devoir de l'obéissance, et qu'ils peuvent s'opposer à la violence et aux injustices de leurs Princes et de leurs Magistrats, lorsque ces Princes et ces Magistrats font des entreprises illicites contre eux, qu'ils s'en prennent à leurs libertés, qu'ils leur ravissent ce qui leur appartient en propre, qu'ils font des choses contraires à la confiance qu'on avoit prise en leurs personnes, et à la nature de l'autorité dont on les avoit revêtus : si, dis-je, ces Messieurs entendent que cette doctrine ne peut que donner occasion à des *guerres civiles*, et à des brouilleries intestines ; qu'elle ne tend qu'à détruire la paix dans le monde ; et que par conséquent elle ne doit pas être approuvée et soufferte ; ils peuvent dire, avec autant de sujet, et sur le même fondement, que les honnêtes gens ne doivent pas s'opposer aux voleurs et aux pirates, parce que cela pourroit donner occasion à des désordres et à l'effusion du sang. S'il arrive des malheurs et des désastres en ces rencontres, on n'en doit point imputer la faute à ceux qui ne font que défendre leur droit, mais bien à ceux qui envahissent ce qui appartient à leurs prochains. Si les personnes sages et vertueuses lâchoient et accordoient tranquillement toutes choses, pour l'amour de la paix, à ceux qui voudroient leur faire violence, hélas! quelle sorte de paix il y auroit dans le monde! quelle sorte de paix seroit celle-là, qui consisteroit uniquement dans la violence et dans la rapine, et qu'il ne seroit à propos de maintenir que pour l'avantage des voleurs et de ceux qui se plaisent à opprimer! Cette paix, qu'il y auroit entre les grands et les petits, entre les puissans et les foibles, seroit semblable à celle qu'on prétendroit y avoir entre des loups et des agneaux, lorsque les agneaux se laisseroient déchirer et dévorer paisiblement par les loups. Ou, si l'on veut, considérons la caverne de *Polyphème* comme un modèle parfait d'une paix semblable. Ce gouvernement, auquel *Ulysse* et ses compagnons se trouvoient soumis, étoit le plus agréable du monde ; ils n'y avoient autre chose à faire, qu'à souffrir avec quiétude qu'on les dévorât. Et qui doute qu'*Ulysse*, qui étoit un personnage si prudent, ne prêchât alors *l'obéissance passive* et n'exhortât à une soumission entière, en représentant à ses compagnons combien la paix est importante et nécessaire aux hommes, et leur faisant voir les inconvéniens qui pourroient arriver, s'ils entreprenoient de résister à *Polyphème*, qui les avoit en son pouvoir ?

XIX. Le bien public et l'avantage de la société étant la véritable fin du gouvernement, je demande s'il est *plus expédient que le peuple* soit exposé sans cesse à la volonté sans bornes de la *tyrannie*; ou, que ceux qui tiennent les rênes du gouvernement, trouvent de l'opposition et de la résistance, quand ils abusent excessivement de leur pouvoir, et ne s'en servent que pour la destruction, non pour la conservation des choses qui appartiennent en propre au peuple ?

XX. Que personne ne dise qu'il peut arriver de tout cela de terribles malheurs, dès qu'il montera dans la tête chaude et dans l'esprit impétueux de certaines personnes de changer le gouvernement de l'état : car, ces sortes de gens peuvent se soulever toutes les fois qu'il leur plaira ; mais pour l'ordinaire, ce ne sera qu'à leur propre ruine et à leur propre destruction. En effet, jusqu'à ce que la calamité et l'oppression soient devenues générales, et que les méchans desseins et les entreprises illicites des conducteurs soient devenus fort visibles et fort palpables au plus grand nombre des membres de l'état; le peuple, qui naturellement est plus disposé à souffrir qu'à résister, ne donnera pas avec facilité dans un soulèvement. Les injustices exercées, et l'oppression dont on use envers quelques particuliers, ne le touchent pas beaucoup. Mais s'il est généralement persuadé et convaincu, par des raisons évidentes, qu'il y a un dessein formé contre ses *libertés*, et que toutes les démarches, toutes les actions, tous les mouvemens de son Prince, ou de son Magistrat, obligent de croire que tout tend à l'exécution d'un dessein si funeste, qui pourra blâmer ce peuple, d'être dans une telle croyance et dans une telle persuasion ? Pourquoi un Prince, ou un Magistrat donne-t-il lieu à des soupçons si bien fondés; ou plutôt, pourquoi persuade-t-il, par toute sa conduite, des choses de cette nature ? Les peuples sont-ils à blâmer de ce qu'ils ont les sentimens de *créatures raisonnables*, de ce qu'ils font les réflexions que des créatures de cet ordre doivent faire, de ce qu'ils ne conçoivent pas les choses autrement qu'ils ne trouvent et ne sentent qu'elles sont ? Ceux-là ne méritent-ils pas plutôt d'être blâmés, qui font des choses qui donnent lieu à des mécontentemens fondés sur de si justes raisons ? J'avoue que l'orgueil, l'ambition et l'esprit inquiet de certaines gens, ont causé souvent de grands désordres dans les états ; et que les factions ont été fatales à des royaumes et à des *sociétés politiques.* Mais, si ces désordres, si ces désastres sont venus de la légéreté, de l'esprit turbulent des peuples, et du desir de se défaire de l'autorité légitime de leurs conducteurs ; ou, s'ils ont procédé des efforts injustes qu'ont faits les conducteurs et les Princes pour acquérir et exercer un pouvoir abitraire sur leurs peuples ; si l'oppression, ou la désobéissance en a été l'origine, c'est ce que je laisse à décider à l'histoire. Ce que je puis assurer, c'est que quiconque, soit Prince ou sujet, envahit les droits de son peuple ou de son Prince, et donne lieu au renversement de la forme d'un gouvernement juste, se rend coupable d'un des plus grands crimes qu'on puisse commettre, et est responsable de tous les malheurs ; de tout le sang répandu, de toutes les rapines, de tous les désordres qui détruisent un gouvernement et désolent un pays. Tous ceux qui sont coupables d'un crime si énorme, d'un crime d'une si terrible conséquence, doivent être regardés comme les ennemis du genre-humain, comme une peste fatale aux états, et être traités de la manière qu'ils méritent.

XXI. Qu'on doive résister à des sujets, ou à des étrangers qui entreprennent de se saisir, par la force, de ce qui appartient en propre à un peuple, c'est de quoi tout le monde demeure d'accord ; mais, qu'il soit permis de faire la même chose à l'égard des Magistrats et des Princes qui font de semblables entreprises, c'est ce qu'on a nié dans ces derniers tems : comme si ceux, à qui les loix ont donné de plus grands priviléges qu'aux autres, avoient reçu par-là le pouvoir d'enfreindre ces loix, desquelles ils avoient reçu un rang et des biens plus considérables que ceux de leurs frères ; au lieu que leur mauvaise conduite est plus blâmable, et leurs fautes deviennent plus grandes, soit parce qu'ils sont ingrats des avantages que les loix leur ont accordés ; soit parce qu'ils abusent de la confiance que leurs frères avoient prise en eux.

XXII. Quiconque emploie la force sans droit, comme font tous ceux qui, dans une société, emploie la force et la violence sans la permission des loix, se met en *état de guerre*, avec ceux contre qui il l'emploie;

et dans cet état, *tous les liens, tous les engagemens précédens sont rompus, tout autre droit cesse, hors le droit de se défendre et de résister à un agresseur.* Cela est si évident, que Barclay lui-même, qui est un grand défenseur du pouvoir sacré des Rois, est contraint de confesser que les peuples, dans ces sortes de cas, peuvent légitimement résister à leurs Rois; il ne fait point difficulté d'en tomber d'accord dans ce chapitre même, où il prétend montrer que les loix divines sont contraires à toute sorte de *rebellion*. Il paroît donc manifestement, par sa propre doctrine, que puisque dans de certains cas on a droit de résister et de s'opposer à un Prince, toute résistance n'est pas *rebellion*.

Voici les paroles de Barclay (*).

Quod si quis dicat, ergone populus tyrannicae crudelitati et furori jugulum semper praebebit? Ergone multitudo civitates suas fame, ferro et flammâ vastari, seque conjuges, et liberos fortunae ludibrio et tyranni libidini exponi, inque omnia vitae pericula,

---

(*) Contra Monarchom. lib. III, ch. 8.

omnesque miserias et molestia à Rege deduci patientur? Num illis quod omni animantium generi est à natura tributum, denegari debet, ut sc. vim vi repellant, seseque ab injuriâ tueantur? Huic breviter responsum sit, populo universo negari defensionem, quae juris naturalis est, neque ultionem quae praeter naturarem est adversus Regem concedi debere. *Quapropter si Rex non in singulares tantum personas aliquot privatum odium exerceat, sed corpus etiam reipublicae, cujus ipse caput est, id est, totum populum, vel insignem aliquam ejus partem immani et intolerendâ sevetiâ seu tyrannide divexet; populo quidem hoc casu resistendi ac tuendi se ab injuriâ potestas competit, sed tuenti se tantum, non enim in principem invadendi: et restituendae injuriae illatae, non recedendi à debitâ reverentiâ propter acceptam injuriam. Praesentem denique impetum propulsandi, non vim praeterita mulciscendi jus habet. Horum enim alterum à naturâ est, ut vitam scilicet corpusque tueamur. Alterum vero contra naturam, ut inferior de superiori supplicium sumat. Quod itaquae populus malum, antequam factum sit impedire potest, ne fiat, id postquam factum est , in Regem autorem sceleris vindicare non potest. Populus igitur hoc ampliùs quam privatus quispiam habet, quod huic, vel ipsis adversariis judicibus, excepto Buchanano, nullum nisi in patientia remedium superest : cum ille si intolerabilis tyrannis est (modicum enim ferre omnino debet) resistere cum reverentiâ possit.*

« Si quelqu'un dit : faudra-t-il donc que
» le peuple soit toujours exposé à la
» cruauté et à la fureur de la tyrannie ? Les
» gens seront-ils obligés de voir tranquille-
» ment la faim, le fer et le feu ravager
» leurs villes, de se voir eux-mêmes ; de
» voir leurs femmes, leurs enfans assujétis
» aux caprices de la fortune et aux passions
» d'un tyran, et de souffrir que leur Roi les
» précipite dans toutes sortes de misères et
» de calamités ? Leur refuserons-nous ce
» que la nature a accordé à toutes les es-
» pèces d'animaux ; savoir, *de repousser la*
» *force par la force, et de se défendre*
» *contre les injures et la violence ?* Je ré-
» ponds en deux mots, que *les loix de la*
» *nature permettent de se défendre soi-*
» *même*, qu'il est certain que tout un peuple
» a droit de se défendre, même contre son
» Roi ; mais qu'il ne faut point se venger

» de son Roi, telle vengeance étant con-
» traire aux mêmes loix de la nature. Ainsi,
» lorsqu'un Roi ne maltraite pas seulement
» quelques particuliers, mais exerce une
» cruauté et une tyrannie extrême et insup-
» portable contre tout le corps de l'état,
» dont il est le chef, c'est-à-dire, contre
» tout le peuple, ou du moins contre une
» partie considérable de ses sujets : en ce
» cas, *le peuple a droit de résister et de se*
» *défendre*, mais de se défendre seulement,
» non d'attaquer son prince, et il lui est per-
» mis de demander la réparation du dom-
» mage qui lui a été causé, et de se plaindre
» du tord qui lui est fait, mais non de se
» départir, à cause des injustices qui ont été
» exercées contre lui, du respect qui est dû
» à son Roi. Enfin, il a droit de repousser
» une violence présente, non de tirer ven-
» geance d'une violence passée. La nature
» a donné le pouvoir de faire l'un, pour la
» défense de notre vie et de notre corps;
» mais elle ne permet point l'autre ; elle ne
» permet point, sans doute, à un inférieur
» de punir son supérieur. Avant que le
» mal soit arrivé, le peuple est en droit
» d'employer les moyens qui sont capables
» d'empêcher qu'il n'arrive ; mais lorsqu'il

» est arrivé, il ne peut pas punir le Prince
» qui est l'auteur de l'injustice et de l'at-
» tentat. Voici donc en quoi consiste le pri-
» vilége des peuples, et la différence qu'il y
» a entre eux, sur ce sujet, et des parti-
» culiers, c'est qu'il ne reste à des particu-
» liers, de l'aveu même des adversaires : si
» l'on excepte *Buchanan*, qu'il ne leur
» reste, dis-je, pour remède, que la pa-
» tience; au lieu que les peuples, si la ty-
» rannie est insupportable (car on est
» obligé de souffrir patiemment les maux
» *médiocres*), peuvent résister, sans faire
» rien de contraire à ce respect qui est dû
» à des Souverains ».

XXIII. C'est ainsi qu'un grand partisan du pouvoir monarchique approuve la résistance et la croit juste. Il est vrai qu'il propose deux restrictions sur ce sujet, qui ne sont nullement raisonnables. La première est, qu'il faut résister avec respect et avec révérence. La seconde, que ce doit être sans vengeance et sans punition ; et la raison qu'il en donne, c'est *qu'un inférieur n'a pas droit de punir un supérieur*. Premièrement, comment peut-on résister à la force et à la violence, sans donner des coups, ou comment peut-on donner des coups avec respect ? J'avoue que cela me passe. Un homme qui, étant vivement attaqué, n'opposeroit qu'un bouclier pour sa défense, et se contenteroit de recevoir respectueusement, avec ce bouclier, les coups qu'on lui porteroit, ou qui se tiendroit dans une posture encore plus respectueuse, sans avoir à la main une épée, capable d'abattre et de dompter la fierté ; l'air assuré et la force de son assaillant, ne feroit pas, sans doute, une longue résistance, et ne manqueroit pas d'éprouver bientôt que sa défense n'auroit servi qu'à lui attirer de plus grands malheurs, et de plus dangereuses blessures. Ce seroit, sans doute, user d'un moyen bien ridicule de résister dans un combat, *ubi tu pulsas, ego vapulabo tantum*, comme dit *Juvenal* : et le succès du combat ne sauroit être autre que celui que ce Poëte décrit dans ces vers :

―――― *Libertas pauperis haec est :*
Pulsatus rogat, et pugnis concisus adorat,
Ut liceat paucis cum dentibus inde reverti.

Certainement, la résistance imaginaire dont il s'agit, ne manqueroit jamais d'être suivie d'un événement semblable. C'est pourquoi, celui qui est en droit de résister, est, sans doute, aussi en droit de porter des coups. En cette rencontre, il a dû être permis à Barclay, et le doit être à tout autre homme, de porter des coups, de donner de grands coups de sabre sur la tête, ou de faire des balafres au visage de son agresseur, avec toute la révérence, avec tout le respect imaginable. Il faut avouer qu'un homme qui sait si bien concilier les coups et le respect, mérite, pour ses peines et pour son adresse, d'être bien frotté, mais d'une manière extrêmement civile et respectueuse, dès que l'occasion se présentera. Pour ce qui regarde la seconde restriction, fondée sur ce principe : *un inférieur n'a pas droit de punir un supérieur*; je dis que le principe en général est vrai, et qu'un inférieur n'a point droit de punir son supérieur, tandis qu'il est son supérieur. Mais opposer la force à la force, étant une action de l'*état de guerre*, qui rend les parties égales entre elles, et casse et abolit toutes les relations précédentes, toutes les obligations et tous les droits de respect, de révérence et de supériorité ; toute l'inégalité et la différence qui reste, c'est que celui qui s'oppose à un agresseur injuste, a cette supériorité et cet avantage sur lui, qu'il a droit, lorsqu'il vient à avoir le dessus, de le punir, soit à cause de la rupture de la paix, ou à cause des malheurs qui sont provenus de l'*état de guerre*. BARCLAY, dans un autre endroit, s'accorde mieux avec lui-même, et raisonne plus juste, lorsqu'il nie qu'il soit permis, en aucun cas, de résister à un Roi. Il pose pourtant deux cas, dans lesquels un Roi peut perdre son droit à la royauté. Voici comme il parle sur ce sujet (*).

Quid ergo, nulline casus incidere possunt quibus populo sese erigere atque in Regem impotentius dominantem arma capere et invadere jure suo suâque authoritate liceat? Nulli certe quandiu Rex manet. Semper enim ex divinis id abstat, Regem honorificato; et qui potestati resistit, Dei ordinationi resistit : *Num aliàs igitur in eum populo potestas est quam* si id committat propter quod ipso jure rex esse desinat. *Tunc enim se ipse principatu exuit atque in privatis constituit liber : hoc modo populus et superior efficitur, reverso ad eum sc. jure illo quod ante regem inauguratum in inter-*

_____

(*) Contra Monarchom. lib. III. ch. 16.

regna

regno habuit. At sunt paucarum generum commissa ejusmodi quae hunc effectum pariunt. At ego cum plurima animo perlustrem duo tantum invenio, duos inquam, casus, quibus rex ipso facto regem non regem se facit et omni honore et dignitate regali atque in subditos potestate destituit; quorum etiam neminit Winzerus. Horum unus est si regnum disperdat, quemadmodum de Nerone fertur, quod is nempe Senatum Populumque Romanum, atque adeo urbem ipsam ferro flammaque vastare, ac novas sibi sedes quaerere decrevisset. Et de Caligula, quod palam denunciarit se neque civem neque principem Senatus amplius fore, inque animo habuerit, interempto utriusque Ordinis Electissimo quoque, Alexandriam commigrare, ac ut populum uno ictu interimeret, unam ei cervicem optavit. Talia cum rex aliquis mediatur et molitur serio, omnem regnandi curam et animum illico abjicit, ac proinde imperium in subditos amittit, ut dominus servi pro derelicto habiti, dominium.

Alter casus est, si rex alicujus clientelam se contulit, ac regnum quod liberum à majoribus et populo traditum accepit, alienae ditioni mancipavit. Nam tunc quam-

vis forte non eâ mente id agit populo plane ut incommodet : tamen quia quod praecipuum est regiae dignitatis, amisit, ut summus scilicet in regno secundùm Deum sit, et solo Deo inferior, atque populum etiam totum ignorantem vel invitum cujus libertatem sartam et tectam conservare debuit, in alterius gentis ditionem et potestatem dedidit; hâc velut quadam regni ad alienatione effecit, ut nec quod ipse in regno imperium habuit retineat, nec in eum cui collatum voluit, juris quicquam transferat, atque ita eo facto liberum jam et suae potestati populum relinquit, cujus rei exemplum unum annales Scotici suppeditant.

« Quoi donc, ne peut-il se trouver aucun
» cas, dans lequel le peuple ait droit de se
» soulever, de prendre les armes contre
» son Roi, et de le détrôner, lorsqu'il
» exerce une domination violente et tyran-
» nique ? Certainement, il ne sauroit y en
» avoir aucun, tandis qu'un Roi demeure
» Roi. La parole divine nous enseigne assez
» cette vérité, quand elle dit : *Honore le*
» *Roi. Celui qui résiste à la puissance,*
» *résiste à l'ordonnance de Dieu.* Le peuple
» donc ne sauroit avoir nul pouvoir sur

» son Roi, *à moins que ce Souverain ne*
» *pratiquât des choses qui lui fissent perdre*
» *le droit et la qualité de Roi.* Car, alors
» il se dépouille lui-même de sa dignité et
» de ses priviléges, et devient un homme
» privé; et par le même moyen le peuple lui
» devient supérieur; le droit et l'autorité
» qu'il avoit pendant l'interrègne, avant
» le couronnement de son Prince, étant
» retournés à lui. Mais, véritablement, il
» n'arrive guère qu'un Prince fasse des
» choses de cette nature; et que, par con-
» séquent, lui et le peuple en viennent à
» ce point dont il est question. Quand je
» médite attentivement sur cette matière,
» je ne conçois que *deux cas*, où un Roi
» cesse d'être Roi, et se dépouille de toute
» la dignité royale, et de tout le pouvoir
» qu'il avoit sur ses sujets. *Winzerus* fait
» mention de ces deux sortes de cas. *L'un*
» *arrive, lorsqu'un Prince a dessein et*
» *s'efforce de renverser le gouvernement,* à
» l'exemple de *Néron*, qui avoit résolu de
» perdre le sénat et le peuple romain, et de
» réduire en cendres et dans la dernière dé-
» solation la ville de *Rome*, par le fer et
» par le feu, et d'aller ensuite établir ail-
» leurs sa demeure; et à l'exemple encore

» de *Caligula*, qui déclara ouvertement et
» sans façon, qu'il vouloit qu'il n'y eût
» plus, ni peuple, ni sénat, qui avoit pris
» la résolution de faire périr tout ce qu'il
» y avoit de personnages illustres et ver-
» tueux, de l'un et de l'autre ordre, et de se
» retirer, après cette belle expédition, à
» *Alexandrie* ; et qui, pour tout dire, se
» porta à cet excès de cruauté et de fureur,
» que de desirer que le peuple romain n'eût
» qu'une tête, afin qu'il pût perdre et dé-
» truire tout ce peuple, d'un seul coup.
» Quand un Roi médite et veut entreprendre
» sérieusement des choses de cette nature,
» il abandonne dès-lors tout le soin de
» l'état, et perd, par conséquent, le droit
» de domination qu'il avoit sur ses sujets :
» tout de même qu'un maître cesse d'avoir
» droit de domination sur son esclave, dès
» qu'il l'abandonne.

» L'autre cas arrive, *quand un Roi se met*
» *sous la protection de quelqu'un, et remet*
» *entre ses mains le royaume indépendant*
» *qu'il avoit reçu de ses ancêtres et du peu-*
» *ple* : car bien qu'il ne fasse pas cela,
» peut-être dans l'intention de préjudicier
» au peuple, néanmoins parce qu'il se dé-
» fait de ce qu'il y a de principal et de plus

» considérable dans son royaume ; savoir,
» d'y être souverain, de n'être soumis et in-
» férieur qu'à Dieu seul, et qu'il assujéti,
» de vive force, à la domination et au pou-
» voir d'une nation étrangère ce pauvre
» peuple, dont il étoit obligé si étroitement
» de maintenir et de défendre la liberté, il
» perd, en aliénant ainsi son royaume, ce
» qu'il lui appartenoit auparavant, et ne
» confère et ne communique nul droit pour
» cela à celui à qui il remet ses états ; et,
» par ce moyen, il laisse le peuple libre,
» et dans le pouvoir de faire ce qu'il jugera
» à propos. Les monumens de l'histoire
» d'*Ecosse* nous fournisse, sur ce sujet,
» un exemple bien mémorable ».

XXIV. BARCLAY, le grand défenseur de la *monarchie absolue*, est contraint de reconnoître, qu'en ce cas *il est permis de résister à un Roi*, et qu'alors, un Roi cesse d'être Roi. Cela signifie, en deux mots, pour ne pas multiplier les cas, que toutes les fois qu'un Roi agit sans avoir reçu d'autorité pour ce qu'il entreprend, il cesse d'être Roi, et devient comme un autre homme à qui aucune autorité n'a été conférée. Je puis dire que les deux cas que

Barclay allègue, diffèrent peu de ceux dont j'ai fait mention ci-dessus, et que j'ai dit qui dissolvoient les gouvernemens. Il faut pourtant remarquer qu'il a omis le principe d'où cette doctrine découle, et qui est, qu'un Roi abuse étrangement de la confiance qu'on avoit mise en lui, et de l'autorité qu'on lui avoit remise, lorsqu'il ne conserve pas la forme de gouvernement dont on étoit convenu, et qu'il ne tend pas à la fin du gouvernement même, laquelle n'est autre que le bien public et la conservation de ce qui appartient en propre. Quand un Roi s'est détrôné lui-même, et s'est mis dans l'*état de guerre* avec son peuple ; qu'est-ce qui peut empêcher le peuple de poursuivre un homme qui n'est point Roi, comme il seroit en droit de poursuivre tout autre homme qui se seroit mis en *état de guerre* avec lui? Que Barclay et ceux qui sont de son opinion, nous satisfassent sur ce point.

« (Aussi, il me semble qu'on peut remar-
» quer ici ce que Barclay dit, que *le peuple*
» *peut prévenir le mal dont il est menacé,*
» *avant qu'il soit arrivé.* En quoi il admet
» la *résistance*, quand la tyrannie n'est en-

» core qu'intentionnelle. *Dès qu'un Roi
» médite un tel dessein, et le poursuit sé-
» rieusement, il est censé abandonner toute
» considération et égard pour le bien pu-
» blic.* De sorte que, selon lui, la simple
» négligence du bien public peut être consi-
» dérée comme preuve d'un tel dessein, et
» au moins pour une cause suffisante, de *ré-*
» *sistance* ; il en donne la raison en disant,
» parce qu'il a voulu trahir ou violenter son
» peuple, dont il devoit soigneusement main-
» tenir la liberté. Ce qu'il ajoute, *sous le*
» *pouvoir, ou la domination d'une nation*
» *étrangère*, ne signifie rien, le crime con-
» sistant dans la perte de cette liberté, *dont*
» *la conservation lui étoit confiée*, et non
» dans la destruction des personnes sous la
» domination desquelles il seroit assujéti.
» Le droit du peuple est également envahi et
» sa liberté perdue, soit qu'il devienne
» esclave de ceux de leur propre nation,
» ou d'une étrangère, et en cela consiste
» l'injustice, contre laquelle seulement il a
» droit de se soulever; et l'histoire de toutes
» les nations fournit des preuves que cette
» injustice ne consiste point dans le chan-
» gement de nation ou de personne dans
» leur gouverneur, mais d'un change-

» ment dans la constitution du gouverne-
» ment) (*) ».

Bilson, Evêque d'*Angleterre*, très-ardent pour le pouvoir et la prérogative des Princes, reconnoît, si je ne me trompe, dans son traité de *la Soumission chrétienne*, que *les Princes peuvent perdre leur autorité et le droit qu'ils ont de se faire obéir de leurs sujets*. Que s'il étoit nécessaire d'un grand nombre de témoignages et d'autorités pour persuader une doctrine si bien fondée, si raisonnable, et si convaincante d'elle-même, je pourrois renvoyer mon lecteur à *Bracton*, à *Fortescue*, à l'auteur du *Mirror*, et à d'autres écrivains qu'on ne peut soupçonner d'ignorer la nature et la forme du gouvernement d'*Angleterre*, ou d'en être les ennemis. Mais je pense que *Hooker* seul peut suffire à ceux qui suivent ses sentimens tou-

___

(*) « Ces 36 lignes, qui sont dans la cinquième
» édition *Anglaise* de 1728, chez *Bettesworth*, ont
» été passées par le Traducteur, sans que l'on puisse
» voir pour quelle raison, après avoir traduit plusieurs
» autres endroits qui ne seront pas plus que celles-ci
» du goût des Tyrans, ou des usurpateurs des droits
» du peuple, c'est pourquoi nous les avons remis à leur
» place ».

chant la politique ecclésiastique, et qui pourtant, je ne sais par quelle fatalité, se portent à nier et à rejeter les principes sur lesquels il l'a fondée. Je ne veux pas les accuser d'être des instrumens de certains habiles ouvriers qui avoient formé de terribles desseins. Mais je suis sûr que leur politique civile est si nouvelle, si dangereuse, et si fatale aux Princes et aux Peuples, qu'on n'auroit osé, dans les siècles précédens, la proposer et la soutenir. C'est pourquoi il faut espérer que ceux qui se trouvent délivrés des impositions des *Egyptiens*, auront en horreur la mémoire de ces flatteurs, de ces ames basses et serviles, qui, parce que cela servoit à leur fortune, et à leur avancement, ne reconnoissoient pour gouvernement légitime, que la *tyrannie absolue*, et vouloient rendre tout le monde esclave.

XXV. On ne manquera point, sans doute, de proposer ici cette question si commune : *Qui jugera si le Prince, ou la puissance législative, passe l'étendue de son pouvoir et de son autorité ?* Des gens mal intentionnés et séditieux, se peuvent glisser parmi le peuple, lui faire accroire que ceux qui gouvernent pratiquent des choses pour lesquelles ils n'ont reçu nulle autorité, quoiqu'ils fassent un bon usage de leur prérogative. Je réponds, que c'est le peuple qui doit juger de cela. En effet, qui est-ce qui pourra mieux juger si l'on s'acquitte bien d'une commission, que celui qui l'a donnée, et qui par la même autorité, par laquelle il a donné cette commission, peut désapprouver ce qu'aura fait la personne qui l'a reçue, et ne se plus servir d'elle, lorsqu'elle ne se conforme pas à ce qui lui a été prescrit ? S'il n'y a rien de si raisonnable et de si juste dans les cas particuliers des hommes privés, pourquoi ne sera-t-il pas permis d'en user de même à l'égard d'une chose aussi importante, qu'est le bonheur d'un million de personnes, et lorsqu'il s'agit de prévenir les malheurs les plus dangereux et les plus épouvantables ; des malheurs d'autant plus à craindre, qu'il est presque impossible d'y remédier, quand ils sont arrivés ?

XXVI. Du reste, par cette demande, *qui en jugera ?* on ne doit point entendre qu'il ne peut y avoir nul juge ; car, quand il ne s'en trouve aucun sur la terre pour terminer les différends qui sont entre les hommes, il y en a toujours un au Ciel. Certainement, *Dieu seul est juge*, de droit : mais cela n'empêche pas que *chaque homme ne puisse juger pour soi-même*, dans le cas dont il s'agit ici, aussi-bien que dans tout les autres, et décider si un autre homme s'est mis dans l'*état de guerre* avec lui, et s'il a droit d'appeler au souverain juge, comme fit *Jephté*.

XXVII. S'IL s'élève quelque différend entre un prince et quelques-uns du peuple, sur un point sur lequel les loix ne prescrivent rien, ou qui se trouve douteux, mais où il s'agit de choses d'importance; je suis fort porté à croire que dans un cas de cette nature, le différend doit être décidé par *le corps du peuple*. Car, dans des causes qui sont remises à l'autorité et à la discrétion sage du Prince, et dans lesquelles il est dispensé d'agir conjointement avec l'assemblée ordinaire des *législateurs*, si quelques-uns pensent avoir reçu quelque préjudice considérable, et croient que le Prince agit d'une manière contraire à leur avantage, et va au-delà de l'étendue de son pouvoir; qui est plus propre à en juger que le *corps du peuple*, qui, du commencement, lui a conféré l'autorité dont il est revêtu, et qui, par conséquent, sait quelles bornes il a mises au pouvoir de celui entre les mains duquel il a remis les rênes du gouvernement? Que si un *Prince* ou tout autre qui aura l'administration du gouvernement de l'état, refuse ce moyen de terminer les différends ; alors, il ne reste qu'à appeler au Ciel. La violence, qui est exercée entre des personnes qui n'ont nul juge souverain, et établi sur la terre, ou celle qui ne permet point qu'on appelle sur la terre à aucun juge, étant proprement un *état de guerre*, le seul parti qu'il y a à prendre, en cette rencontre, c'est d'appeler au Ciel ; et *la partie offensée peut juger pour elle-même*, lorsqu'elle croit qu'il est à propos d'appeler au Ciel.

XXVIII. Donc, pour conclure, *le pouvoir que chaque particulier remet à la société* dans laquelle il entre, ne peut jamais retourner aux particuliers pendant que la société subsiste, mais réside toujours dans la communauté; parce que, sans cela, il ne sauroit y avoir de communauté ni d'état, ce qui pourtant seroit tout-à-fait contraire à la convention originaire. C'est pourquoi, quand le peuple a placé le *pouvoir législatif* dans une assemblée, et arrêté que ce pouvoir continueroit à être exercé par l'assemblée et par ses successeurs, auxquels elle auroit elle-même soin de pourvoir, le *pouvoir législatif ne ne peut jamais retourner au peuple*, pendant que le gouvernement subsiste ; parce qu'ayant établi une *puissance législative* pour toujours, il lui a remis tout le *pouvoir politique* ; et ainsi, il ne peut point le reprendre. Mais s'il a prescrit certaines limites à la *durée* de la *puissance législative*, et a voulu que le *pouvoir suprême* résida dans une seule personne ou dans une assemblée, *pour un certain tems seulement* ; ou bien, si ceux qui sont constitués en autorité ont, par leur mauvaise conduite, perdu leur droit et leur pouvoir : quand les conducteurs ont perdu ainsi leur pouvoir et leur droit, ou que le tems déterminé est fini, *le pouvoir suprême retourne à la société*, et le peuple a droit d'agir en qualité de souverain, et d'exercer l'*autorité législative*, où bien d'ériger une nouvelle forme de gouvernement, et de remettre la *suprême puissance*, dont il se trouve alors entièrement et pleinement revêtu, entre de nouvelles mains, comme il juge à propos.

FIN.

TABLE DES CHAPITRES.

Avertissement. Page v

Supplément à l'Avertissement précédent. xj

Vie de John Locke, depuis l'année 1632 jusqu'à l'année 1704. xv

Du Gouvernement Civil, de sa véritable origine, de son étendue et de sa fin. 31

Chapitre Premier.

De l'État de Nature. Idem

Chap. II. *De l'État de Guerre.* 53

Chap. III. *De l'Eclavage.* 63

TABLE DES CHAPITRES.

Chap. IV. De la Propriété des choses. Page 67

Chap. V. Du pouvoir paternel. 102

Chap. VI. De la Société Politique ou Civile. 136

Chap. VII. Du commencement des Sociétés politiques. 164

Chap. VIII. Des fins de la Société et du Gouvernement Politique. 202

Chap. IX. Des diverses formes des Sociétés. 210

Chap. X. De l'étendue du Pouvoir législatif. 212

Chap. XI. Du Pouvoir législatif, exécutif, et confédératif d'un État. 228

Chap. XII. De la Subordination des Pouvoirs de l'État. 233

Chap. XIII. De la prérogative. 250

Chap. XIV. *Du Pouvoir paternel, du Pouvoir politique et du Pouvoir despotique, considérés ensemble.*

Page 263

Chap. XV. *Des Conquêtes.* 271

Chap. XVI. *De l'usurpation.* 297

Chap. XVII. *De la tyrannie.* 299

Chap. XVIII. *De la Dissolution des Gouvernemens.* 315

Fin de la Table.

www.ingramcontent.com/pod-product-compliance
Lightning Source LLC
Chambersburg PA
CBHW070847170426
43202CB00012B/1980